下阿札记

姜培忠◎著

中共天长市委党史和地方志研究室（天长市档案馆）◎组稿

安徽师范大学出版社
ANHUI NORMAL UNIVERSITY PRESS

·芜湖·

图书在版编目(CIP)数据

下阿札记 / 姜培忠著. — 芜湖:安徽师范大学出版社,2023.12
ISBN 978-7-5676-6106-6

Ⅰ.①下… Ⅱ.①姜… Ⅲ.①文化史—天长—通俗读物 Ⅳ.①K295.44-49

中国国家版本馆CIP数据核字(2023)第254997号

下阿札记

XIAE ZHAJI

姜培忠◎著

中共天长市委党史和地方志研究室(天长市档案馆)◎组稿

责任编辑:翟自成	责任校对:孙新文
装帧设计:王晴晴 冯君君	责任印制:桑国磊
封面题字:郑训佐	

出版发行:安徽师范大学出版社

芜湖市北京中路2号安徽师范大学赭山校区　　邮政编码:241000

网　　址:http://www.ahnupress.com/
发 行 部:0553-3883578　　5910327　　5910310(传真)
印　　刷:安徽联众印刷有限公司
版　　次:2023年12月第1版
印　　次:2023年12月第1次印刷
规　　格:700 mm×1000 mm　　1/16
印　　张:11.5
字　　数:180千字
书　　号:ISBN 978-7-5676-6106-6
定　　价:42.00元

岁月千秋，诗书天长

——《下阿札记》序

许春樵

在我最初的记忆里，姜培忠是位诗人，是报刊诗歌版面上的常客，有过《亲情伞》《笔走黑白》两部诗集问世。他的诗歌游走在抒情和悟道之间，在情感爆发力加持下，似乎更适合朗诵和传播。姜培忠有不少诗歌被电台选用。有一次我在合肥偶遇一位名主持，他虽然喝了酒，但声音依旧雄浑，他举着酒杯在半空中比划着："朗读培忠的诗，激动之下，还有感动。"

读了《下阿札记》，我固有的印象被改变了，甚至被颠覆了。用文化学者来定义姜培忠，也许更准确，他对地域文化研究的贡献比对诗歌的贡献更大，也更具时代意义和历史价值。

天长在姜培忠笔下最早是以诗歌的形式呈现的，那是想象和情感视角下的历史与现实。或许是在某一个夜晚，当姜培忠背负着诗稿潜入天长历史深处时，他发觉诗歌难以抵达故乡的历史真相，也难以还原岁月的荣光。

自千秋设县，千百年间，有方志中的天长，有小说中的天长，有故事中的天长，有书画中的天长，但缺少文化视角下的天长。《下阿札记》钻了这一空子，也可以说是填补了这一空白。

《下阿札记》也因此具有了独特的眼光和独立的价值。

这是一部面对历史，深度挖掘天长文化资源，深入梳理天长文化脉络，深情演绎天长文化现象，深刻揭示天长文化气质的书。

以文化的名义，在中国历史文化长廊里，《下阿札记》找到了天长的座位，稳固了天长的地位，后人用文化的眼光看天长，会看到一个超越了物质繁荣与世俗温暖的天长。

《下阿札记》所描述的芸芸众生中站出队列的是文人，从四野八乡弥漫出来的是文化的气息。

一生穷困潦倒的宣鼎凭借小说《夜雨秋灯录》，走进了中国文学史。《聊斋志异》里都是妖魔鬼神，《夜雨秋灯录》里却满是人间烟火，更接地气。宣鼎除了是小说家外，还是戏剧家、诗人、画家……

钱大昕感叹王贞仪是东汉女学者班昭之后，一人而已。在天文学家、数学家头衔之外，王贞仪还是一位诗人、散文家，一部《德风亭初集》文风蔚然、才情四溢。

姜培忠"文化寻根"的意志异常坚定。他多年走访各地历史遗存、图书馆，查阅文史资料，采访关联人物，让一些鲜为人知的文化名流陆续浮出水面。于是，读者在《下阿札记》中见到了天长女诗人陈珮，她的《闺房集》被收进《四库全书》；结识了天长束家私塾先生、诗人王令，这个只活了二十八岁的短命诗人，诗作被收入《全宋诗》；还有女诗人刘文如、袁晓园，诗人郑逸青等。不难看出，天长之所以出了那么多诗人，一是源于诗歌传统，二是基于文化基因。

吴敬梓《儒林外史》第三十一回的标题是"天长县同访豪杰，赐书楼大醉高朋"，从第二十九回开始写到了天长人杜少卿、杜慎卿兄弟。王安石在扬州做过签判，二妹嫁给了天长秦栏进士朱明之；曾巩的母亲去世后，父亲曾易占在真州做官时娶了朱明之的堂姐，曾巩的妹妹又嫁给了王安石的弟弟王安国。两位文学家因为天长而亲上加亲，并为天长留下了许多篇章。

科举时代，做官的大多是文人，以能赋诗作文为人中上品，王安石、曾巩、文天祥就是生动的例子。《下阿札记》中写到了宋朝天长秦栏朱氏一门六进士，他们统一的标签是文化人。明代进士王心做过兵部主事，又编辑了天长目前现存最早的一部县志——嘉靖《天长县志》，还开设了天长"同人书院"。王心要是没编辑出嘉靖《天长县志》，恐怕很难被人记住，也不会以单篇出现在《下阿札记》中。这正如曹丕在《典论·论文》中所说："年寿有时而尽……未若文章之无穷。"

随着阅读的深入，就会读出姜培忠的文化情结贯穿全书始终。其中地域文化研究占据半壁江山，书中的天长地理考证、孝道文化考证、历史古迹考证，是以学者的姿态发掘，以研究的态度剖析，以文学的情怀阐释。天长"孝文化"是书中的一个亮点，在二十四孝之一的朱寿昌弃官寻母的感召下，明代石梁大孝子王枝，从徽州回家为母亲吊孝，清康熙天长沂湖大孝子徐颖绩，从四川长宁知县职位上回家吊孝，两人都因悲伤过度，不思茶饭，死在母亲的坟前。姜培忠从孝子祠、孝子墓等古迹开始考据，辅以历史资料和民间传说，将天长"孝文化"整理出一条脉络，串联成了一个体系。在地域文化考据中，姜培忠对家乡"马汊河"用力最大，用情最深，相关文章较多。千秋县所在地，骆宾王失踪地，天官画发源地……"谁不说俺家乡好"，姜培忠对"马汊河"的感情是对天长感情的具体化和典型化。

《下阿札记》不是民间故事汇编，而是历史考证与研究，不靠道听途说，而靠实地考察，姜培忠走遍天长城乡，足迹延伸到南京、义乌、宁波、北京、扬州等地。书中旁征博引，以经典、史料、方志为依据，形成系统证据链，最终将自己的分析判断夯实扎牢。

《下阿札记》下的是学者的功夫，是研究者的付出；弥漫的是文化的情怀，是文学的魅力。这部文化天长的书，对于天长来说，历史价值大于现实价值，史料价值大于文学价值。

岁月千秋，诗书天长；

孝行人伦，文韵芬芳。

是为序！

（许春樵，中国作协全委会委员，安徽省文联副主席，安徽省作协主席）

3

目 录

一 曾是千秋客

四 萃玉缥缃中

附 录

一

曾是千秋客

骆宾王失踪下阿溪

天长是个很有故事的地方，它的名字就有过很多，如广陵、永福、横山、石梁、雄州、千秋、天长，还叫过炳辉。有一条河流贯天长，它也有很多名字，如石梁河、下阿溪，如今叫白塔河。

天长出过不少名人，如二十四孝之一的天长秦栏人朱寿昌，清道光年间的状元戴兰芬，清乾隆年间的女天文学家、数学家、诗人王贞仪，晚清时期的小说家、诗人、画家宣鼎。历史上不少名人与天长有着不解之缘，如在天长当过知县、巧断牛舌案的北宋名臣包拯；来过天长的唐宋八大家之一的王安石，他的二妹婿是天长秦栏人朱明之；为天长朱姓舅家写过多篇墓志铭的唐宋八大家之一的曾巩，他的继母朱氏是天长秦栏人朱明之的堂姐；在天长人束孝先家做过私塾先生的北宋诗人王令。近现代，还要提到胡乔木的夫人、科技组织工作者谷羽，她也是天长人，原名李桂英，她的建树可在胡乔木的赠诗中得到体现："两弹一星心血沥，正负对撞声名著。"当然也忘不了范长江，1945年他随陈毅一起抵达天长前往长江出游之时，写下了"范长江到天长，望长江，长江天长"的下联，与阎锡山的"阎锡山过无锡，登锡山，锡山无锡"的上联妙为绝对。对于天长而言，这些名人、先贤可谓高山仰止，但他们的诗词歌赋、文化逸事，只是沉淀在历史的书卷中，还没有形成一种撞击力——文化的价值或经济的价值。

历史总要后人去挖掘和努力还原的，这里我说一段还没有"天长"这个名称时，一个人与这块土地的历史故事。相传他七岁时便写下了"鹅，鹅，鹅，曲项向天歌。白毛浮绿水，红掌拨清波"的《咏鹅》诗，传遍乡野。

3

光宅元年（684），武则天废掉了自己的儿子中宗李显，另立温顺的儿子李旦为帝，是为睿宗，为废唐自立做准备。这年九月，开国元勋李勣（原名徐世勣）的孙子徐敬业在扬州起兵反叛，一时间集结了十万人。在徐敬业起义的队伍中，有一个人在当时几乎无人不晓。他面对大唐的现状，内心波澜起伏，便奋笔疾书，写下了著名的《代徐敬业讨武曌檄》一文。武则天看过之后，感慨道："宰相之过也。人有如此才，而使之流落不偶乎？"（唐景崇《唐书注》）这个人就是那位浙江义乌神童、初唐四杰之一的大诗人骆宾王，不过此时他已是六十多岁的老人了。

十一月，义军向西进攻，一场战役在高邮湖西下阿溪（这场战役史书多记载为"下阿溪之战"）拉开帷幕。河的南岸是以徐敬业为首的义军，河的北岸是奉武则天之命、由李孝逸率领的朝廷军。战争的结果是，在朝廷军采取火攻、火烧荻草（俗名红草）的情形下，义军四散奔逃。溃散之际，徐敬业的部下王那相突然倒戈，砍下徐敬业等人的首级向朝廷军投降。当王那相将徐敬业等人的首级送到长安时，其中却没有骆宾王的首级，那么，骆宾王究竟逃到哪儿去了呢？传说很多，有通州说、灵隐寺说等。

通州说。骆宾王从海上准备到高丽国，后来落脚通州，明朝人朱国祯在《涌幢小品》中有一段记载。明武宗正德九年（1514），在通州海门（今南通市海门区）城东黄泥口，有一个姓曹的农民在这里挖池塘，看到自己脚下露出一块石碑。他拂去上面的泥土，见碑上赫然题写着"骆宾王之墓"几个字。于是，后人在现在的南通狼山上建了骆宾王的衣冠冢。

灵隐寺说。景龙三年（709）的某天晚上，诗人宋之问在被贬职江南的路上夜游灵隐寺。江南夜景让宋之问诗兴大发，他脱口而出："鹫岭郁岧峣，龙宫锁寂寥。"可是后面怎么也续不上来，正在打坐的老和尚却随口吟道："楼观沧海日，门对浙江潮。"（宋之问《灵隐寺》）宋之问听后欣喜万分，于是把诗作完。他反复吟诵这首诗，觉得老和尚赠的诗句实在是全诗的点睛之笔。第二天一早，宋之问去拜访老和尚，老和尚已不见踪影；询问寺僧，寺僧告诉他，那位老者是骆宾王。但后人多以为不可信。

除这些记述外，有一种说法一直未被正视，那就是骆宾王根本没有逃走，而是迷失于这"五湖十二荡"的湖水之中。光宅元年（684），确切地说还没有天长县，高邮湖周边这块土地上有下阿、二阿、平阿、北阿。当时骆宾王已是一个六十多岁的老人，试想面对五湖十二荡的纵横交错，荻荡之中，火攻之下，命能存否？唐朝小说家张鷟在《朝野佥载》中写道：骆宾王兵败后投水而死。张鷟是与骆宾王同时代的人，他的文章多为纪实。他听闻王那相叛变的时候，骆宾王可能已经跳水了，于是就把这件事记了下来。这个说法也许比较可信。

再退一步而言，无论哪一种说法，发生在天长境内的下阿溪之战，必然是与骆宾王有关。浙江师范大学原校长骆祥发是骆宾王第四十三代族人，也是研究骆宾王的专家。他曾在2006年写信给我，十分认可这一观点，认为值得探讨。

用宿命论观点看，这个七岁写下"曲项向天歌"的大诗人，一语成谶。他写的那篇檄文是与武则天斗争、为唐王室而歌；五十多年后的天宝元年（742），在他失踪的地方，一个新的县衙诞生——就在下阿溪边的下阿村，唐玄宗为庆祝自己的生日，设立了千秋县；天宝七年（748），改千秋县为天长县，喻为天长地久——仿佛冥冥之中他又在为天长这片热土而歌。

历史总会留给后人许多惊叹，又会留给后人许多遐想。当有的地方在为潘金莲、西门庆这样的小说人物写故事、做文化、占地盘时，我们对于与天长有关联的这些大家、先贤是不是该做些思考？哪怕是将其作为一座纪念馆、一条路的名字，或是为其写一篇文章，让我们的后人能了解天长这片土地——不论是它悠久的历史，还是它深邃的文化，都需要我们的一曲高歌。

一　曾是千秋客

宋朝秦栏朱氏六进士

　　天长有进士记载是从北宋开始的。北宋时，天长隶属扬州（后期也有变化），天长人考中进士后，会被记成扬州进士。江南贡院的《历代进士名录》上，我们查到宋朝天长有六名进士，而且都出自一门——天长秦栏朱氏家族，即二十四孝之一的孝子朱寿昌的家族。这六名进士分别是朱寿昌的父亲朱巽，朱寿昌的侄子朱明之、朱延之、朱某（曾监楚州装卸米仓，名字无从考证），朱寿昌的孙子朱英，朱英之子朱椷。

　　朱巽是史料现能查到的天长首个进士，他在宋真宗咸平三年（1000）考中进士。

　　朱巽，字顺之，祖上是徐州人，五代之乱时，迁至江淮之间的天长，家在天长县同人乡秦栏里，也就是现在的天长市秦栏镇。朱巽为考取进士历经磨难，几次考试都名落孙山。朱巽与侄子朱齐卿年龄相仿，而且关系很好，曾巩在为其外公、高邮主簿朱齐卿写的《故高邮主簿朱君墓志铭》中说道："……殿中之弟、工部侍郎巽，初举进士，数困，欲不复往。君劝之曰：'第行无以废为念。'故侍郎得曲就其志，至为达官，大其家，后卒官。"这段记载说明，如果不是朱齐卿的劝说和鼎力支持，朱巽已经不想再考进士了。

　　朱巽纳有一个小妾刘氏，大中祥符七年（1014），刘氏生了一个男婴，取名朱寿昌。在朱寿昌七岁时，刘氏被朱巽的妻子赶出家门，从此母子分离。朱寿昌长大成人之后，以荫补官，仕途颇为顺利，然而他一直未得与生母团聚，思念之情萦绕于怀，以至于"饮食罕御酒肉，言辄流涕"。在母子分离的五十年间，朱寿昌四处打听生母的下落，均杳无音信。熙宁三年（1070）初，在广德军任上的朱寿昌，听人传言说他母亲流落在陕西一带，嫁为民妻，他刺血书写佛经，并辞去官职，千里迢迢前往陕西一带寻母，誓言："不见母，吾不返矣。"（《宋史·朱寿昌传》）精诚所至，朱寿昌终于在大荔县找到了自己的母亲，此时，老母已七十有余，朱寿昌也已年过半百。这就是后来历史上的二十四孝之一——弃官寻母的故事。

再来说兄弟三进士。宋仁宗年间，秦栏朱家三个人皆考中进士，即朱明之、朱某和堂兄朱延之。朱明之、朱某的父亲朱济卿是浙江青田知县，朱延之的父亲朱齐卿是高邮主簿。从现有资料看，朱明之中进士后被授予浙江衢州西安县令，朱某官任某州录事参军，监楚州装卸米仓，而朱延之却不想为官。这里我们主要根据曾巩为天长朱氏写的几篇墓志铭讲一讲朱明之、朱延之。这几篇墓志铭的墓主人包括朱延之本人、朱延之的父亲朱齐卿、朱延之的妻子沈氏、朱延之的婶母戴氏。曾巩之所以为朱氏族人写墓志铭，是因为曾巩的继母是朱延之的三姐，与曾巩同父异母的曾布、曾肇皆为朱延之的三姐所生。

嘉庆《扬州府志》卷三十九载："朱明之，字昌叔，宋扬州天长人，王安石妹婿。仁宗皇祐元年进士，官至大理少卿。"据嘉靖《天长县志》记载，朱明之、朱延之、朱某都是朱寿昌的侄子。曾巩撰写的《知处州青田县朱君夫人戴氏墓志铭》和《仁寿县太君吴氏墓志铭》中也都提到朱明之，而且还说朱明之是北宋改革家王安石的二妹婿。曾巩在《知处州青田县朱君夫人戴氏墓志铭》中这样写道："知处州青田县事、天长朱君讳某之夫人曰高邮戴氏，年七十有七，治平元年九月庚午，以疾卒于楚州监之官舍，某年某月某甲子，葬于天长之某乡某原。……有子四人……某，某州录事参军，监楚州装卸米仓。某，衢州西安县令。皆及进士第，好古而有文。夫人于某，外叔祖母也。故舅氏属以铭。"在王安石母亲吴氏《仁寿县太君吴氏墓志铭》中这样记载："抚州临川王公讳益之夫人，卫尉寺丞讳用之妇……女三人，长适尚书虞部员外郎、沙县张奎，次适前衢州西安县令、天长朱明之，次适扬州沈季长。"这里写的高邮戴氏即朱明之、朱某的母亲，朱明之兄弟二人都是进士及第，他们的父亲任过浙江青田知县，朱明之的堂姐是曾巩的继母朱氏，王安石的

一 曾是千秋客

二妹嫁给了朱明之。

朱明之后来任过大理少卿，因案件而入狱。曾巩在《明州奏乞回避朱明之状》中写道："伏为本路提点刑狱朱明之，是臣母之亲堂弟。"曾巩要求回避的原因是亲戚关系。

明晰朱延之考中进士，是根据曾巩撰写的《沈氏夫人墓志铭》中的记述："夫人姓沈氏……年二十有二，嫁扬州进士朱延之。"《故高邮主簿朱君墓志铭》中说道："君讳某，字齐卿，姓朱氏。……高邮军之高邮主簿以卒，卒时乾兴元年六月十九日也。后卒之若干年，其子象之、东之、升之、延之奉君之丧，葬天长县之秦兰（栏）里。"这篇墓志铭是在朱齐卿去世多年后，他的子女请曾巩写的，记述曾巩的继母朱氏的父亲朱齐卿死在任上，去世时年仅五十四岁，留下朱氏兄妹七人，朱氏在家排行老三，最小的弟弟叫朱延之，朱延之的年龄和曾巩相仿。

那么，朱延之究竟是怎样的一个人呢？曾巩为朱延之写的《天长朱君墓志铭》中这样说道："君少孤，养母母之，父死岁久，其丧寓于远，贫不能归也。君居穷经营，卒能使之返葬。"父亲去世后，曾巩的继母朱氏把年少的朱延之抚养成人。由于贫穷，死在任上的朱齐卿没能埋葬到天长。多年后，朱延之把父亲的尸骸运回老家天长埋葬，尽了一份子女的孝心。曾巩很佩服他这个舅舅的为人，"君聪明敏悟，少力学问、为文章，数就进士试，不合，乃叹曰：'与其屈于人，孰若肆吾志哉？'因不复言仕"。朱延之年少聪明，勤于读书，多次赴考，科举考试的弊端使他决意不再为官，在乡里过着清闲的书生生活，藏了很多图书，遗其子孙。

朱寿昌唯一的儿子叫朱瞻之，朱瞻之任过四川雒县县尉，朱瞻之的儿子朱英、孙子朱械都是进士。

朱英是宋神宗元丰年间的进士，在江西赣州任过职。朱械，字茂昌，在绍兴八年（1138）考中进士，任过蒲圻县教授，几年后调任台州盐铁使。对于这对父子进士，文献记载很少，但通过一些方志和家谱大致能得到这样一些信息。

朱英一直在高邮临泽镇生活和学习，考中进士后才离开高邮。乾隆《广陵志》记述朱寿昌在司农少卿位上，因病辞官回到了高邮临泽镇，而不是回到天长秦栏镇。元丰六年（1083），七十岁的朱寿昌因病去世，后人将他埋葬在天长秦栏镇。现在的临泽镇还有孝子巷、孝子桥，讲的就是朱寿昌的故事，朱寿昌的家乡秦栏镇则为其建有孝子祠和孝子坟。

朱械任台州盐铁使时，正值战乱，朱械辞官不做，把家定居在浙江湖州苕溪古镇，形成了朱氏的一支，自起堂名。后来他的后代不断地迁徙，有到前川的，也有到临海的，形成很旺的朱氏家族。清朝人朱召焕修的《浙江缙云前川朱氏宗谱》中说：始祖朱械，南宋进士，迁居湖州苕溪。《浙江临海朱氏家谱》中说：始祖是北宋进士朱巽第五世孙。

现有资料表明，宋朝秦栏朱氏家族出了六名进士，从政者至少有三人是高级官员：工部侍郎朱巽、司农少卿朱寿昌、大理少卿朱明之。不仅如此，他们的社会关系也比较显赫，唐宋八大家中的曾巩、王安石都是他们的至亲，宋徽宗时的右相曾布是朱家的外甥。挖掘研究宋朝秦栏朱氏家族的文化渊源，对于了解北宋时期的天长人文社会史，宣传好天长历史文化有着重要的意义。

一　曾是千秋客

王安石与天长

时光如白驹过隙，转眼间春风又绿江南岸，我手中捧着各个时代的"春天"，但最喜欢的还是唐宋八大家之一，王安石的《泊船瓜洲》里的春天，一个"绿"字把整个春天尽收眼底，大好河山是那么醉人，醉到有乡愁几许。想起王安石，肯定会想起他改革家的雄气："天变不足畏，祖宗不足法，人言不足恤"（《宋史·王安石传》）；想起他文学家的儒气：《游褒禅山记》《读孟尝君传》《答司马谏议书》《石门亭记》等充满儒学气的清新刚健之作。我喜欢他还因为他与我们天长秦栏朱氏家族的种种情愫，对于这段已"年久失修"的历史，我努力在浩瀚的文字中寻找着其被岁月尘封了的足迹。

王安石在《石门亭记》中写道："石门亭在青田县若干里，令朱君为之……而以书与其甥之婿王某。"这个被王安石称为长辈的朱君即朱济卿，哥哥叫朱齐卿，他们与二十四孝之一的朱寿昌是堂兄弟，都是天长秦栏人。王安石之所以称其为长辈，主要原因是这个朱君的儿子朱明之娶了王安石的二妹。曾巩在《知处州青田县朱君夫人戴氏墓志铭》中有明确记述，说这个朱君与高邮戴氏有个儿子叫朱明之，任衢州西安县令。而曾巩为王安石的母亲吴氏写的墓志铭（《仁寿县太君吴氏墓志铭》）中说，王安石的二妹嫁给了为衢州西安县令的天长人朱明之。据曾巩《明州奏乞回避朱明之状》载："伏为本路提点刑狱朱明之，是臣母之亲堂弟。"而曾巩在《故高邮主簿朱君墓志铭》中说其继母是朱齐卿的女儿，那么"臣母之亲堂弟"的朱明之就是朱齐卿的侄子。嘉庆《扬州府志》卷三十九载："朱明之，字昌叔，宋扬州天长人，王安石妹婿。仁宗皇祐元年进士，官至大理少卿。"朱明之早期生活和工作在淮安、江阴，考上进士后先后任衢州西安县令、秀州府知府，最终官至大理少卿。

朱明之与王安石年龄相仿，他们相识是在高邮。当时，朱明之的伯父朱齐卿任高邮主簿，朱明之在江阴任个小官，而王安石是鄞县（今宁波市鄞州区）知县，皇祐二年（1050），王安石路过高邮时第一次遇到了在朱齐卿家的朱明之。王安石后来在写给二妹的《寄朱氏妹》诗中写道："昔来高邮居，我始得朱子。从容谈笑间，已足见奇伟。"从诗中可以看出，王安石第一次见到朱明之时对他的印象特别好。后来朱明之在江阴时王安石去看过他，在王安石《予求守江阴未得酬昌叔忆阴见及之作》诗中这样描述江阴："黄田港北水如天，万里风樯看贾船。海外珠犀常入市，人间鱼蟹不论钱。高亭笑语如昨日，末路尘沙非少年。强乞一官终未得，只君同病肯相怜。"江阴很美，美得让年轻的王安石想留在江阴工作。对于这一时期的江阴，朱明之在《寄王荆公忆江阴》诗中回忆道："城上城隍古镜中，城边山色翠屏风。鱼虾接海随时足，稻米连湖逐岁丰。太伯人民堪教育，春申沟港可疏通。朱轮天使从君欲，异日能忘笑语同。"诗中的王荆公就是王安石，字介甫。从诗中可以看出，江阴当时景色宜人，而且很富庶。

王安石与朱明之是思想情趣相投的文友，相互唱和的诗歌甚多。有一次王安石去看望时任衢州西安县令的朱明之，在《寄朱昌叔》诗中写道："西安春风花几树，花边饮酒今何处。一杯塞上看黄云，万里寄声无雁去。"王安石在舒城任职时，朱明之也去看望过王安石，朱明之多年后回想起在舒城灊楼上读书议事时的快乐，写了一首《因忆灊楼读书之乐呈介甫》诗："忆昨灊楼幸久留，乾坤谈罢论雎鸠。它时已恨相从少，此日能忘共学不。南去溪山随梦断，北来身世若云浮。行藏愿与君同道，只恐蹉跎我独羞。"从诗中可以看出，作为文友，朱明之与王安石纵论天下大事，有着共同的志向和追求，但此时作为改革家的王安石已不得志。王安石在《次韵昌叔怀灊楼读书之乐》和诗中写道："志食长年不得休，一巢无地拙于鸠。聊为薄宦容身者，能免高人笑我不。道德文章吾事落，尘埃波浪此生浮。看君别后行藏意，回顾灊楼只自羞。"相互谦虚，又不失道德文章，两个年岁已大的人，面对风波时事，回想起舒城的相见，

一 曾是千秋客

仿佛是梦一场。

王安石与朱明之来往频繁，还有一个原因是他们的政见相投。作为一个地方官员，朱明之十分支持王安石的改革，他曾用尘土来寓意改革给王安石带来的各种非议，告诉王安石洗涤轻浮会有时。朱明之在《尘土呈介甫》诗中这样写道："尘土纷纷起处微，只随风力乱嘘吹。高张白雾横宫阙，低引轻云暗路岐。坐客昏蒙归耳目，行人斑白上须眉。谁知滂霈天飞雨，洗涤轻浮会有时。"王安石也很有信心地和诗一首《次韵昌叔咏尘》："尘土轻扬不自持，纷纷生物更相吹。翻成地上万烟雾，散在人间要路岐。一世竞驰甘眯目，几家清坐得轩眉。超然只有江湖上，还见波涛恐我时。"在诗中他表达了力排非议、坚持改革的决心。

王安石第二次罢相后生活在江宁，其在《次韵朱昌叔》诗中写道："寄公无国寄钟山，垣屋青松暗霭间。长以声音为佛事，野风萧飒水潺潺。"王安石晚年居于钟山，吃斋信佛，心境已如水潺潺，没有了当年改革家的雄气。

王安石与天长朱家的朱寿昌关系也很好。朱寿昌做过驾部郎中，时人多以朱郎中尊称他。从王安石现存诗歌看，那首《题朱郎中白都庄》的诗说明王安石和朱寿昌相识很早。在《全宋诗》中除了那首大家都熟悉的《送河中通判朱郎中迎母东归》外，还有《送郊社朱兄除郎东归》和《送致政朱郎中东归》，都是讲朱寿昌弃官寻母的孝道。《送郊社朱兄除郎东归》诗中这样写道："手持官牒出神皋，迎客遥知贺酒醪。照映里门非白屋，欺凌春草有青袍。宦游虽晚何妨久，饿显从来不必高。孝友父兄家法在，想能清白遗儿曹。"而《送致政朱郎中东归》诗更是直抒胸臆："平生不省问田园，白首忘怀道更尊。已上印书通北阙，稍留冠盖饯东门。冯唐老有为郎恋，疏广终无任子恩。今日荣归人所羡，两儿腰绶拥高轩。"

王安石曾视在天长人束孝先家做过私塾先生的北宋著名诗人王令（字逢原）为知交。尽管王令只活了二十八岁，但他在天长就有五六年时间，而这一阶段正是他思想最活跃的时期，写了大量有关天长的诗歌。他写给天长人束孝先的《再赠束孝先》诗中的名句"玉缺见不挠，剑折佑真刚"，激励着许多人与命运抗争。他的诗歌后人评价很高，一方面固然是因为王令的个人才华，另一方面又不得不提到对他短暂的一生有过很大帮助的一个人，这个人就是王安石。皇祐六年（1054），经天长人朱明之介绍，二十三岁的王令作诗《南山之田》，并从天长赶到高邮，投给自舒城被召入京路过高邮的三十四岁的王安石，倾诉对他的仰慕之情。王安石对王令的文采非常欣赏，复书王令，称赞其才学，此后两人成为知交，相互之间诗歌唱和、书信往来。后来王安石在常州任上将其妻之堂妹介绍并嫁给王令。由于王安石的推崇和称誉，王令逐渐成了一个颇负盛名的诗人。嘉祐四年（1059）六月初二，年仅二十八岁的诗人王令因病在常州去世。王安石在《王逢原墓志铭》一文中深切地感叹、哀伤，在《思王逢原》一诗中更有"妙质不为平世得，微言唯有故人知"的真情流露，十分惋惜王令的才高命短和生不逢时。

　　写到这，我也一直在想，王安石有没有来过天长？后来我在他的《与王逢原书八》中找到了答案："安石顿首：比辱足下来见顾存，而人事纷纷……到天长，乃知行李已到毗陵，脚气已渐平复，殊以为慰。"王安石来过天长。

一　曾是千秋客

北宋诗人王令与天长

清风无力屠得热，落日着翅飞上山。

人固已惧江海竭，天岂不惜河汉干？

昆仑之高有积雪，蓬莱之远常遗寒。

不能手提天下往，何忍身去游其间？

这个夏天很热，高温持续不下，汗水像是要和季节做一次抗争，重重地落在炽热的土地上，敲击着焦躁的世界。我的心境和这高温一样，不知该如何走出焦躁，我努力拿起书轻轻地吟诵着北宋诗人王令的《暑旱苦热》——想象着九百多年前的夏天，没有空调的暑热夏天，客居天长的王令写这首诗时的心境，我的心境渐渐趋于平静。

全诗想象奇特，气势恢宏，抒发了诗人愿与天下人共患难之情，彰显了博大的胸襟，展现出雄健瑰奇的诗风。这正如他在《感愤》诗中所说的那样：

狂去诗浑夸俗句，醉余歌有过人声。

燕然未勒胡雏在，不信吾无万古名。

咀嚼着王令的诗，从他的诗中透露出的自信、狂傲，让我始终沉醉于一种幻境，仿佛在哪儿见过这样一位年轻人，冷僻瘦弱的脸上透出一股剑气。这个踌躇满志的诗人走到了我的眼前，走到了我的笔下，虽步履艰难，却又傲骨凛然，像是多年不见的老朋友。

我之所以对这位北宋诗人如此推崇，不只是因为从他的诗中可展现出他的高识远度，更是由于他与天长的种种情愫。

王令（1032—1059），初字钟美，后改字逢原，五岁时父母已相继离世，唯一的姐姐也已出嫁。沦为孤儿的王令，寄居在任职扬州的叔祖父王乙家。少年时的王令学习十分认真，求知欲很强，个性也十分鲜明，气盛而坦率。经过几年的私塾学习后，王令离开叔祖父另立门户，与寡居的姐姐和外甥开始了相依为命的生活。

王令在天长束家做过很长时间的私塾先生。束家的两个孩子和王令差不多大：一个名叫权先，字微之；一个名叫孝先，字熙之。王令在束家名义上是私塾先生，实质上更像是伴读，他在《和束熙之论旧》诗中写道："当年龆龀偶同门，糊口重来已十春。"王令对家主束老先生是十分尊重的，他在《谢束丈》诗中这样表达了感激之情：

> 喜赴西招足屡蹉，自惭愚鄙取无它。
>
> 能终末学生何幸，得活诸孤赐最多。

王令在《谢束丈见赠》诗中写出了自己贫困、凄冷的生活状况，以及不向世俗低头的气节，并再次感谢束老先生对他的帮助："贱生不自辰，亲没身孤零。家无一棱田，不得农以耕。……合穷心狂高，不肯束世程。……自喜主人仁，不我贤而芇。"

王令除了因为谋生和束家来往外，还与天长秦栏人朱明之交往颇深。朱明之，字昌叔，北宋扬州天长秦栏人，唐宋八大家之一王安石的二妹婿，进士出身，官至大理少卿。朱明之也是一位诗人，《全宋诗》中有他写的六首诗，但没有看到他写给王令的。王令诗歌中倒有三首是写给朱明之的。他们外出同游，私交很深。

这里看一首《送朱明之昌叔赴尉山阳》诗：

> 朱使拜书天上回，去以身试百里障。
>
> 青衫飘若风外荷，借马载出尘土上。
>
> 准眉崭如见天秀，独立系马万里望。

身躯虽小胸腹宽，沛如绝海横秋涨。

这首诗让我们知道，朱明之眉目清秀，但身材矮小。朱明之在离天长百里的山阳，即现在的淮安做官，俸禄薄而尚余，正如该诗后面所说：

尉官虽小俸虽薄，犹有余钱买甘养。

天长在宋朝时曾属扬州，又叫花县。明朝人王高的《天长道中》中的"花县神明府，秦栏孝子乡"两句，写的就是北宋时任过天长知县的包拯和北宋时弃官寻母的天长秦栏孝子朱寿昌的故事。天长城又叫春城，王令的诗歌《龙兴双树》中写到了当时天长城东门外龙兴集的两棵大树，同时借题发挥，抒发了诗人的怀才不遇之情：

春城花草穷朱殷，俗儿趁走脚欲穿。
闲来无惊喜自适，时到双树为奇观。
……
不思大干有强用，反以斧钝难其坚。
吁哉谁是爱材者，定知惜此双树篇。

王令曾有一首专门写天长寺庙的《题天长县苏太尉庙》诗，诗中写道：

唐室无臣覆手移，坐看悍媪制庸儿。
思量可惜当年死，却是西来问鼎师。

光宅元年（684），徐敬业反对武则天登基做皇帝，从扬州起兵在高邮湖西的下阿溪与唐军展开一场战争。唐后军总管苏孝祥带兵夜袭徐敬业而战死，出于表彰，朝廷封其为太尉，在天长建庙以颂扬之。诗中的悍媪指武则天，庸儿指唐中宗。这也是天长历史上的一件大事，王令在诗中对武氏专政是憎恨和愤怒的。

岳家军在天长抗金的故事

贺岁片《满江红》在2023年春节档热映，激发了国人强烈的爱国情怀，特别是民族英雄岳飞写的那首词《满江红》慷慨激昂，气吞山河，满腔热血，激励着一代又一代中华儿女的民族情怀，可谓"一词压两宋"。

作为天长人，看到这部电影，肯定会想：南宋抗金，岳家军可曾来过天长？答案是肯定的，因为天长处于南宋抗金的前沿阵地。

从天长的历史沿革看，宋高宗建炎元年（1127）为天长军，下辖盱眙县。绍兴元年（1131）降为县，绍兴十一年（1141）复升为军，次年仍为天长县，改属招信军。后入金，绍定四年（1231）为南宋收复，仍属招信军。同治《天长县志》记载：宋高宗建炎三年（1129）二月辛亥，金人陷天长军。金军黏没喝陷天长，帝遂奔杭州。金人黏没喝，又名粘罕，即完颜宗翰（1080—1137），黏没喝为其女真名，虎水（在今黑龙江省哈尔滨市）人。金朝宗室名将。勇猛有谋略，拥戴金太祖完颜阿骨打称帝，备受信任和重用。金太宗即位后，建策攻宋。北宋宣和七年（金天会三年，1125年）之后，大举攻宋，南渡黄河。靖康二年（金天会五年，1127年）制造"靖康之变"，俘虏北宋徽、钦二帝。天长南宋抗金主要是"中兴四将"中的岳飞、韩世忠、张俊所属部队在天长与金军的几次交战，并取得了胜利。

大仪与秦栏交界处之战。《宋史·高宗本纪》记载：绍兴四年（1134）冬十月戊子，岳飞的"背嵬军"和韩世忠部抗击金军于甘泉大仪镇与天长秦栏交界处，败之。按《宋史·韩世忠传》记载：金军与刘豫合兵分道入侵，帝手札命世忠饬守备图进取，世忠遂自镇江济师，亲提

17

骑兵驻大仪当敌骑，伐木为栅，自断归路，勒五阵，设伏二十余所，约闻鼓即起击。聂儿字董引兵至江口，距大仪五里，别将挞孛也拥铁骑过五阵东。世忠传小麾鸣鼓，伏兵四起，旗色与金人杂出，金军乱，我军迭进，背嵬军各持长斧上揕人胸，下斫马足，敌被甲陷泥淖。世忠麾劲骑四面蹂躏，人马俱毙，遂擒挞孛也等二百余人。

从上面的历史记载看，这是一场岳飞的"背嵬军"和韩世忠部从镇江出发，跨过长江战金军于大仪西五里、天长秦栏境内取得的战争胜利。岳飞组织抗金战斗之初，苦于南方不产良马，无法组建骑兵部队与金兀术对抗。后来牛皋和杨再兴两次针对伪齐军的奇袭成功，获得战马一万五千余匹，这批战马为岳飞组建强大的骑兵部队奠定了基础，背嵬军因战斗力强而名垂史册。

韩世忠与岳飞、张俊、刘光世合称"中兴四将"。其出身贫寒，十八岁时应募从军，英勇善战，胸怀韬略，在抗击西夏、金的战争中为宋朝立下了汗马功劳，又在平定各地叛乱中作出重大贡献。韩世忠在绍兴八年（1138）五月曾率部驻扎在天长。

天长丫口镇抗金之战。同治《天长县志》记载：绍兴四年（1134）冬十月戊子，韩世忠所遣董旼击金军于天长之丫口，擒女真四十余人。丫口镇在现在的天长上泊湖附近。丫口镇离天长城很近，是天长的一个老地名，现已不复存在。

天长南乡之战。同治《天长县志》记载：建炎四年（1130）六月，张俊派薛庆驻守高邮和天长。据《宋史·薛庆传》记载：庆守高邮，寻迁拱卫大夫、福州观察使、承州天长保宁镇抚使。金军还自浙，屯天长、六合间，庆率众劫之，得牛数百。薛庆在天长、高邮、六合一带抗金，后因被金军围困扬州，无人援救而被杀，很是壮烈。

中国历史上北方民族侵占中原的战争，自宋朝后较为频繁。南宋虽然偏安于临安，消极对敌，但军民和岳飞等将帅一样有着雪靖康耻的情怀、莫等闲的斗志、抛头颅洒热血的勇气，因而有效抵御了金军的南下，他们的精神值得传颂。我的耳边仿佛又回荡起那首满怀豪情的《满江红》：

怒发冲冠，凭栏处，潇潇雨歇。抬望眼，仰天长啸，壮怀激烈。三十功名尘与土，八千里路云和月。莫等闲，白了少年头，空悲切。

靖康耻，犹未雪。臣子恨，何时灭。驾长车，踏破贺兰山缺。壮志饥餐胡虏肉，笑谈渴饮匈奴血。待从头，收拾旧山河，朝天阙。

一片丹心照汗青

——文天祥过稽庄

天空晴朗时，站在高邮湖西岸天长境内的大堤上，远远地可以看到湖中有两块陆地，像荷叶一样盛开在水中央，远的若隐若现，近的葱葱郁郁，远近参差，相互映衬。据当地老人说，湖水再大，这两块陆地从未被淹没过，很是神奇。现在，远的那块陆地叫王台子；近的那块陆地是渔民们避风浪的歇息场所，名字很有意思，叫大王庙荷叶地。

这两块陆地历史上很不一般。一块是唐朝在天长设县的县衙所在地，一块是留下过南宋民族英雄文天祥足迹和诗篇的地方。清代天长小说家、诗人宣鼎在他的小说集《夜雨秋灯录》中写道：

> 吾邑北乡临大湖，有城门乡，土人云："即宋之天长关。"至今名为小关。城垣廨署，基址犹存。隔湖三四里，宛在水中央。有生聚数百家，即稽家庄，众稽所居，笙之子孙也。

到了近现代，黄河夺淮后，随着湖水的不断上涨，居住在这里的人们陆续离开，形成了两个水中孤岛。宣鼎说的稽家庄就是现在的王台子。在文天祥的诗歌中，我们读到这样两首诗，一是《过稽庄》：

> 小泊稽庄月正弦，庄官惊问是何船？
> 今朝哨马湾头出，又在青山大路边。

二是《稽庄即事》：

乃心王室故，日夜奔南征。

蹈险宁追悔，怀忠莫见明。

雁声连水远，山色与天平。

枉作穷途哭，男儿付死生。

从诗中不难看出，文天祥奔逃到稽庄时，吟咏自若，襟怀朗然。就在文天祥过稽庄前不久，庄主稽耸与儿子稽德润等四人曾杀死了叛臣工部侍郎柳岳，而此人是奉皇帝的命令去投降元军的。稽耸与儿子稽德润等四人由此得获盛名，文天祥在无路可走之际，选择了暂避稽庄。按《宋鉴》（见宣鼎《夜雨秋灯录》）记载：

（相国）出抵扬，四鼓矣。问候门者，曰："制司下令，捕文丞相。"先生穷促无策，素闻稽名，乃反驭访稽。稽迎之于家，事之甚谨，因而慷慨泣下。

隆庆《高邮县志》是这样记述事情经过的：南宋恭帝德祐二年（1276），南犯的元军逼近杭州，文天祥为拖住元军，争取时间作好反攻准备，以右丞相兼枢密使的身份到元营与元相伯颜谈判。在元营，他大义凛然，斥责元军元帅，被元军扣留押送北方。船到镇江时文天祥逃脱，于三月一日到仪征，受到了守将的厚礼相待。这时元军一面派兵追捕，一面散布文天祥降元的谣言。驻扬州的宋将竟为元军所惑，下令捉拿文天祥，文天祥被迫离开仪征，经扬州城外，在樵夫的帮助下，改名换姓，昼伏夜行。一行八人于三月六日到达高邮湖边高沙客栈（今高邮菱塘与天长沙湖接壤的地方，宋时有高沙馆）。当时他化名清河刘洙。在《至高沙》一诗的后记中，文天祥曾记道：

予至高沙……闻制使有文字报诸郡，有以丞相来赚城，令觉察关防。于是不敢入城，急买舟去。

一 曾是千秋客

21

他乘孤舟入夜潜行，至稽家庄。庄官稽耸及父老们得知是文丞相到来，都非常高兴。当晚杀牛宰羊，盛情款待，并一再挽留他多住几日。只是，文天祥抗元心切，执意不肯久留。稽耸便让儿子稽德润和庄客、水手护送文天祥一直到泰州。文天祥经南通航海去福建招兵抗元。后兵败被俘，以身殉国。

文天祥在高邮、天长一带总共只逗留四天时间，却写下了数首不朽诗篇，留下了宝贵的精神财富。除了《过稽庄》《稽庄即事》两首诗外，还有《至高沙》《发高沙》《高沙道中》等诗篇，充分表达了诗人的一片丹心和爱国情怀。

嘉庆《备修天长县志稿》在记述小关的城隍庙时备注道：

有签，明知县罗万象当本朝顺治二年避居此镇，于梦中应神所请，为之撰者。庙中并祀稽神，亦梦中所见云，即宋稽耸，见签词自序，并疑城隍神即文信国公云。

顺治二年（1645），担任过天长知县的罗万象隐居在小关，自号"湖滨旅舍"。罗万象是江西南昌人，主政天长时清鲠不阿，爱民如子，百姓也十分爱戴他。他退职后没有回原籍，而是留在了天长小关，劝植农桑，教义学子弟。有一天夜里，罗万象梦见一王者，面色严肃，让他写点诗歌。王者旁有冠带客，修髯面白皙，若幕宾状。王者看到罗万象十分殷勤，面色才开始变好。临行拱别时，罗万象遂问送他的人的乡贯、姓氏。送他的人说：我就是宋之杀降表者稽耸，对湖大村落习耕读者皆我之子孙。又问：王者何人？送他的人书曰：文山相国。罗万象惊醒，盥沐作诗三十首，清丽缠绵，温柔敦厚，缮稿焚之神（塑像）前。

后来，城隍庙的这些塑像被移到大王庙。大王庙这座庙宇一直到民国十年（1921）还在，不知哪一年倒掉。现在刻"大王庙"三个字、落款"民国十年"的门头石砌在万寿镇北胜寺里的三间小房子上，房子里面还供奉着两座坐像，但百姓不一定知道他们是谁。

宣鼎曾在他的小说集《夜雨秋灯录》中感慨：

由宋末至明末，相隔垂四百余年。文公生为河岳，殁为日星，何尚拳拳于弹丸小邑哉！

他感叹文天祥与天长的短暂接触是天长的幸事，可惜我们没有重视，没有最起码的文化重视。他甚至还想：

余时拟出资，为公（指罗万象）加封植，立崇碑，叙其事，且肖像于信国右，宛与稽公对峙，血食千秋；惜阮囊依旧，奈何！

可惜他囊中羞涩，未能实现这个目标。无论是南宋民族英雄文天祥、义民稽耸父子，还是明末天长百姓爱戴的好知县罗万象，他们的一生始终追求着对这个国家这个民族和百姓的真心、真情和真爱。现在我们的国家强大了，人民富裕了，而这种真心、真情和真爱却淡化了，这一点很值得我们每个人深思。

一 曾是千秋客

明朝秦栏进士王心

　　位于皖东的天长古镇秦栏与扬州接壤，是个人杰地灵、商贸繁华之地。特殊的地理位置，形成了秦栏独特的文化氛围。从历史上看，天长隶属扬州的北宋时期，秦栏孝子朱寿昌的家族出了六名进士，他们是朱寿昌的父亲朱巽，朱寿昌的侄子朱明之、朱延之、朱某（曾监楚州装卸米仓，名字无从考证），朱寿昌的孙子朱英，朱英之子朱械。其中朱巽官至工部侍郎，朱明之官至大理少卿，而且他们都融入当时的主流社会，曾巩、曾布、王安石等文人名士都与朱氏家族有着亲情或友情的关系。这在天长是很少见的一门望族，对天长的文化和社会发展有着深远的影响。

　　在天长有记载的二十几位进士中，除了北宋时期秦栏朱氏家族的六位外，明清时期秦栏也出过几名进士，今天我想说的是一位秦栏的明朝进士王心。王心，字惟一，明嘉靖戊戌进士，曾任兵部主事，后因事降职郴州同知，编辑了嘉靖《天长县志》，天长为数不多的书院之一——"同人书院"的创始人，明朝秦栏孝子祠的筹建者，明朝一位很有文学修养的诗人。

　　康熙《天长县志》记载王心："少颜异面又功苦，遂博洽绝伦，著述甚富……古诗有汉魏法，近体有杜李法，兼工并谐。"

　　让我们回溯历史，慢慢认识这位先贤吧。

　　明朝时天长因划入凤阳府，也称帝乡；但从隶属关系看，当时秦栏的军事还是高邮卫管辖。作为饱读诗书的秦栏人，王心从小就对朱孝子十分崇尚，一心想复建朱孝子祠，推崇孝子礼仪。嘉靖十二年（1533），秦栏朱氏旧宅基上的胜因寺倒塌，而高邮卫以需加强军事建设为由要撤走寺庙木材。王心得知这一消息，连夜急笔呈书给当时的天长知县，请求不要撤走木材。朝廷采纳了王心的建议，王心与里人筹资在胜因寺倒塌之处建起了朱孝子祠。

在朱孝子祠东边，王心等人建了一座"同人书院"，王心还亲自在那里传业授道。这座书院与天长在明朝成化年间办的"始兴书院"，以及后来清朝嘉庆年间办的"石梁书院"一起形成了天长教育史上的独特氛围。王心还购置了若干亩田，以其佃种所得收入，用于修葺祠堂及书院。嘉靖二十七年（1548），王心回乡省亲时亲自撰《宋孝子朱公祠堂碑记》和《同人书院碑记》，记述这一义举的过程，立于朱孝子祠内。他在《宋孝子朱公祠堂碑记》中写道：

> 天长同人乡秦兰（栏）里乃公（朱孝子）之故居也，相传胜因寺即公之宅基，寺之西南公之墓在焉。弘治间，县侯周君道掌教，吾君翁始立石表其墓。嘉靖癸巳，寺将圮，高邮卫欲请寺材修公署，心方与诸士修业其中，请改祠堂以专祀。县尹时公锦即达于巡按上蔡张公，如所请，乃命义民宋棠掌其事，作祠堂三间，大门一间，列以砖墙。心与诸士又作同人书院三间于祠堂之左，以宗依于公，修葺僧房十五间，以居来学者。寺有田若干亩，令旧僧佃种，以供修葺祠堂书院之费。

孝子祠建成五年后，即嘉靖十七年（1538），王心如愿以偿考中进士。金榜题名后，王心被任命为兵部主事。但是，封建社会的官并不是好做的，诗人气质的王心在兵部做官六年后，在嘉靖二十三年（1544）降职到郴州做同知。从现有的郴州史志看，王心为郴州编了一部六卷本的地方志。

王心任兵部主事时，专攻全国的地理和人文，这也是他降职到郴州时就能编地方志的原因。学术特长也使他对家乡贡献很大。嘉靖二十七年（1548），王心利用回家省亲的机会，编辑了嘉靖《天长县志》。当时的知县邵时敏十分支持他，并对该县志进行了刊正。这也是天长现存最早的县志版本，对于了解天长历史上的风土人情、地理人口等十分重要。从这一点上说，王心功不可没，或许这就是一个文人的力量吧。当然作为一个文人，特别是作为一个诗人，王心对这部县志并不是十分满意，他在嘉靖《天长县志》的后记中有这样一段记述："在馆仅十日，归舍又十日，期日急促，闻见寡陋，疏漏之罪，其将何逃？但受成命于邵侯，咨索于五君，而校正字义则有教督南昌邓季纨是赖。心何事焉！心何事焉！"由此可见，由于时间关系，他对这部作品的简单和疏漏很是自责与惋惜；同时，他不居功，把编志的功劳记在其他几个人的身上。

嘉靖三十年（1551），王心从郴州调到真定府任同知。康熙《天长县志》中记载了这样一件事：王心的仆人王毛胜，是秦栏毛氏的后代，因为一直跟随王心，后改姓为王。毛胜性极沉静且智慧，王心十分赏识他。王心与人谈诗，毛胜能解诗；王心与人论禅，毛胜能解禅。王心没事时就爱和毛胜说说话。毛胜随从王心到真定府之后开始生病吐血，一直没有治好，毛胜临终时，王心流着泪留下一首诗：

> 两岁恒阳望其还，谁知枯骨对青山。
> 五鬛采仗归仙府，回首呼童一见难！

生死离别之际，王心痛哭不止，后哀葬毛胜在真定府天宁寺旁边。"枯骨青山"这首亲情离别的诗现在读来还令人伤感。毛胜的死对王心打击很大，王心不安于官场生活，主动辞职回到家乡秦栏，在同人书院教书育人，著书立传，此间写了很有价值的学术论著《周易本义衍翼》和《兵民二议》。

王心是一位有诗人情怀的文化大儒。在嘉靖《天长县志》中读他的诗，他对生活的热爱、对百姓疾苦的关心跃然纸上，让我十分敬佩。他在《布谷鸟吟》诗中写道：

> 布谷鸟布谷鸟，年年布谷催春早。
> 农家岂不欲乘时？今天种缺牛病倒。

26

他在《纺缉婆吟》诗中写道：

纺缉婆纺缉婆，夜夜纺缉布几多？

两股夏磨声不歇，赤身其耐秋风何。

在这两首诗中，诗人怜悯百姓生活艰辛，自己种的粮食自己吃不着，自己织的布自己穿不了。这些诗是当时生活的真实写照。这是一位心系苍生、关注百姓的有良知的文化人的真情呐喊。

当然，作为诗人，王心更热爱生活。我很自豪，明嘉靖四十三年（1564）正月七日，诗人来到过我的家乡洋湖边。他一叶轻舟，在清冷的月光下登上仙人墩，倒下三杯酒即兴吟《甲午正月七日夜游仙人墩》诗两首：

湖月泠泠湖水平，柳溪撑出一舟轻。

仙人墩上三杯酒，云路沾衣雁影横。

洋湖十里仙人墩，半夜同舟往问津。

不见仙人聊独醉，一湖明月一墩云。

这些对我的家乡马汉河而言，是难得的旅游墨宝。就在登上仙人墩不久，诗人因病去世，葬在万安镇东，即现在的仁和集镇与秦栏镇之间。

王心始终坚持着人生的信仰和追求，从他身上我们看到先贤文人对社会的担当与责任。今天我们读着王心编辑的嘉靖《天长县志》，读着《宋孝子朱公祠堂碑记》，读着他的诗歌，不由得被王心的家国情怀、诗人情怀、文化担当所感动。为官，他适可而止；对家乡，他更多的是以教树人。他用博大胸襟与亲身实践回答了一些问题：我是谁？我从哪里来？我到哪里去……他在诗歌中展现出的对百姓的同情、对生活的热爱，是现代某些官员、文人所要惭愧的啊。作为孝子故里，我们天长人，特别是他的家乡秦栏镇的人民，应该要知道他、敬仰他、崇尚他。

明朝天长那些进士们

明朝时，天长直隶凤阳府，沾上皇家之气。江南贡院进士录中天长籍进士共有七名，分别是弘治年间进士张昊、陶金，嘉靖年间进士戴塑、王心，万历年间进士史言善、胡士奇，崇祯年间进士王景云。嘉庆《备修天长县志稿》中还记录了成化年间进士韩福和嘉靖年间进士唐臣，但他们都已不是天长籍，所以将不作详说；嘉靖十七年（1538），秦栏人王心考中进士，已有专文介绍。明朝天长这些进士都爱读书，为人忠孝，为官清廉，很值得后人学习和推崇。

师生进士——张昊、陶金

明弘治九年（1496），四十八岁的天长人张昊考中进士，排名三甲第一百七十名，授浙江乌程（今属湖州市吴兴区）知县。

张昊是怎样一个人呢？嘉靖《天长县志》是这样介绍的：

> 张昊，字朝元。父斌，业医，为县医学训科，以子贵封监察御史；母赵氏，赠孺人。公幼警敏，有大志，尝作《美鱼说》以自励。博读群书，工举业文字，督学诸公往往携历他郡县同考，以励他郡县诸生，曰："张某奇士！张某奇士！"然不偶。公曰："学未至也。"与其门人陶金藏修于读书庵。

这段文字说，张昊从小就十分聪明，心存志向而博读群书，其他郡县的学生都以他为榜样，他被人称为奇才，尽管这样，他却很谦虚，认为还未学好，并和他的门生陶金（陶金后来也考上了进士，下文细说）

一起勤读于读书庵。

张昊在浙江乌程做知县时，严惩奸恶，宽恤民隐，政绩斐然，得到了朝廷的认可。明弘治十三年（1500），张昊提任南京贵州道监察御史。上任后他尽心尽责，体察民情，严惩贪官污吏。一次张昊巡视到崇明县（今上海市崇明区），知县反映当地海盗猖獗，张昊和巡抚、巡按御史向朝廷请示后，派兵消灭了海盗，朝廷不但给予金银奖励，还特制诰书，授予他父亲贵州道监察御史之职。明武宗正德四年（1509），张昊升任江西按察司佥事，分巡九江道。当时姚元洞的匪寇作乱，张昊到任后与参政董朴相约进兵剿匪，斩获贼首侯念十等三百余人。为乘胜追击，几日后张昊约董朴再次发兵，由于援兵未及时赶到，张昊为匪寇所执，面部被砍了一刀，伤长四寸。张昊的义孙张威冲上前用身体护住张昊，被匪寇乱刀砍死。满身伤痕的张昊带着张威的尸体回到天长。由于吃了败仗，张昊功过相抵，但张昊以身体有病为由请求辞归。明武宗正德十三年（1518），七十岁的张昊因病在天长去世，其墓地在六里墩之南。

张昊中进士后的第九年，即明孝宗弘治十八年（1505），他的门生陶金以三甲第七十七名的成绩中了进士，被任命为陕西洛南知县。

陶金，字纯夫，天长卢龙涧口陶庄人，他的父亲是陶聪。清天长小说家宣鼎在《夜雨秋灯录》中写过一篇小说叫《陶庄》，大意是，陶聪对一位从事堪舆的江西毛先生十分好，毛先生为陶家在天长感荡湖边选了一块风水宝地，陶家迁此居住，后代会很昌盛，但堪舆先生要陶聪父子赡养他的下半生，陶聪父子答应了这一要求。陶家在那里建了房子，上梁那一天，一股黑风把堪舆先生的眼睛吹瞎。自从在那里建了房子，陶聪的两个儿子，大儿子陶金考中了进士，二儿子陶琪考上了举人，担任淇县县丞。陶聪死后，两个儿子并没有善待堪舆先生。堪舆先生后来离开了陶家，陶家从此家业败落。实际情况是，陶金从陕西洛南调到浙江常山任知县，由于他操行清洁，为官清廉，几年后调任刑部主事，他十分勤奋，终因积劳成疾，病死在任上。嘉靖《天长县志》是这样记述陶金为官清廉的："陶金殁之后寒素如儒生。"而他的弟弟陶琪却因贪污银铛入狱，可见宣鼎的小说还是有出处的。

29

状元戴兰芬的六世祖——进士戴愬

明世宗嘉靖二十六年（1547），二十四岁的戴愬以三甲第一百一十八名的成绩中了进士，被授予云南省一个县的知县。

戴愬，字远之，号凤岩，天长龙岗人，是清道光年间状元戴兰芬的六世祖。嘉庆《备修天长县志稿》中这样记载戴愬："蚤慧异常，一过辄诵，为文光焰逼人，见者错愕。"戴愬是一个神童，看文章过目不忘，见到他的人都很惊叹他的才气。初为闽县，明敏有声，严治势豪，升工部主事。平生美（英）气抗厉，不少贬。青鬓荷衣，绝意世俗，亦不与贵游通竿牍，四十年如一日。卒将八十。

洛阳史家大院走出的进士——史言善

明神宗万历八年（1580），二十八岁的直隶凤阳府天长县人史言善考中进士，排名三甲第六十名，授予山东潍县（今潍坊市）知县，但他的籍贯是河南卫籍，这是怎么回事呢。

史言善，字指远。祖上由天长从戎到当时的河南洛阳。明朝的军队编制实行"卫所制"，在洛阳设立了河南卫，而且不少家属都可随军，史言善的祖上全家都到了河南洛阳。到了史言善的上一辈，他的叔叔史官在嘉靖三十二年（1553）考中了进士，任过山东馆陶知县，现在洛阳古城的明清古建筑史家大院就是他建的。史言善十分关心民生，注重城市建设，把潍县的土城建成了砖石城，修建了名贤祠、牌楼等，对城市进行了绿化。潍坊人王渐写过《史侯重修潍县城记》，记述史言善对当地的贡献。

但不幸的事也降临到史言善家，《明神宗实录》中，记述了史言善兄弟的人生结局。弟弟史嘉善逼其继母赵氏改嫁，赵氏含恨自杀，此事被报至朝廷，宋神宗亲自过问。经调查，史言善考中进士时，户籍登记中没有继母的名字，说明他蓄谋已久。责令撤销其刑部主事一职，处以杖打五十，发配充军；其弟弟史嘉善被处以死刑，立即问斩。

直言上书的进士——胡士奇

明神宗万历四十四年（1616），天长人胡士奇考中进士，排名三甲第八十八名，授任山东莱芜知县。五年后，他被任命为河南道监察御史，巡按宣大（河北宣化和山西大同）。

胡士奇，号浮冶。在嘉庆《备修天长县志稿》中是这样介绍胡士奇的："少贫，授经萧寺，日仅再饭。从游者侦其实，备午餐奉之，曰：'吾岂不足于餐者！'却之。"胡士奇年少的时候，家境贫寒，在一座寺庙里讲授经书，每天只吃早晚两餐。有听他授经的人得知了这一情况，特意为他准备了午餐，他推辞了，说："我并非吃不饱饭的人。"

被任命为河南道监察御史后，在巡察宣化和大同时，宦官魏忠贤弄权作奸，大肆残害谏臣，胡士奇向皇帝上书直言弹劾魏忠贤。虽然胡士奇身处当时的背景下力有不逮，但他一直为官清明，善于断狱，其所作所为也的确震慑了一些想作乱的人，令他们心惧不已。

胡士奇也是十分关心家乡的，嘉庆《备修天长县志稿》中记录了这样一个故事，天长的秋粮要运到淮阴兑换，非常不方便，胡士奇上奏朝廷，让负责运粮的船开到各个县分别兑换。

四十多岁的胡士奇主动辞去职务，回到家乡，教书育人，直到八十多岁病逝，葬在城北上泊湖的北边，墓地上建有石碑和石坊。

清廉善治的进士——王景云

明崇祯十年（1637），天长人王景云考中进士，排名三甲第一百三十名，任湖广常德府的推官。

王景云，字汉翘，他的母亲是陶孺人，据说王景云出生时，他的母亲梦见汉寿亭侯关羽给了她一样东西，然后王景云就呱呱坠地了。王景云刚开始在浙江西安县就职时，就为民众的疾苦大声呼吁。后来，他善治的名声远扬，升迁到湖广常德任司理。当时，武陵王、楚荣王这样的皇族欺压百姓，他们的奴仆家丁仗势欺人，无人敢问，无人敢管。王景云不为所惧，顶着压力和阻挠，将作恶的两名家奴绳之以法。

31

王景云十分清廉，曾有湘西辰沅道一带的人，带着云南、贵州两地的奇珍异宝，称与他有旧托要送给他，王景云拒绝接受。他在任期间，惩治奸恶贪残不法之人，不避权贵，廉洁自守，拒绝受贿，在当时传为美谈。王景云死后葬在城北上泊湖的南边，墓地还在。

天长人董之燧与“摊丁入亩”

历史上的盛世无不与宽松的赋税政策有关，其低税负、重发展、促稳定的民本思想，是实现强国富民的重要保障。清朝的“康乾盛世”或许就是最好的证明。

清军入关后，赋税制度基本沿用了明朝的一条鞭法，依据万历年间所编的赋役册，于顺治三年（1646）令户部汇编《赋役全书》。后又删改成《简明赋役全书》，还附有土地丈量册和黄册。主要征收田赋、丁役及田赋附加。但不久，因一条鞭法本身的缺陷和执行不到位所带来的问题逐步显现出来：一方面，赋役的对象仍是地亩和人丁两块，制度仍显复杂、繁琐，如编审不严，就会影响赋税收入；另一方面，地亩和人丁经常变动，特别是随着土地兼并日渐严重，人口逃亡越来越多，丁额散失，丁银难收。

清政府为了稳定社会秩序，促进经济发展，于康熙五十二年（1713）下发了“嗣后编审增益人丁，止将滋生实数奏闻。其征收办粮，但据五十年丁册，定为常额。续生人丁，永不加赋”恩诏。但这一政策出台后，按原有的课税办法，人丁减税无法得到相应的落实，人头税还是未取消，社会矛盾不断加剧，如何让它得到公平有效的实施，困扰着决策者们。康熙五十五年（1716），御史董之燧提出了“确查各县地亩若干，统计地丁、人丁之银数若干，按亩均派”的建议，这一建议推动了中国税收制度的一次重大改革——摊丁入亩。那么董之燧是怎样一个人呢？他提出的“摊丁入亩”的税收改革主要内容是什么呢？

据嘉庆《备修天长县志稿》记载：董之燧，字观成，王桥人，康熙三十年（1691）进士。始任河南武陟知县，又任山西平陆知县，后升任

33

户部主事，授监察御史。在现存董氏家谱中，我们了解到董之燧的基本情况。

明嘉靖年间，从苏州来的董家，落脚在天长洋湖边的王桥镇。到明朝末年，董家已成为天长的大户人家。"放下扁担读书，拿起扁担种田"的董家人与人为善，淡泊名利。康熙《天长县志》记载：董官治，字抱黄。寄志四声，恬吟密咏，莫非静深之情性流衍于抑扬反复中，存有诗集，集名《锦树山庄集》。时任天长知县佟世集在康熙三十九年（1700）为这部诗集写了序。这位董官治就是董之燧的至亲，他是当地很有名的教书先生，教书之余，常与友人诗词唱和，现可查到的董官治的诗有两首，其中《游王桥宝林寺》是这样写的："山寺隔溪绿，及春扳未曾。何人书约我，共过水寻僧。鸢线微风籁，花关寂昼灯。不妨莲社酒，醉矣卧烟层。"书香门第，家风纯正，肯定会培育出人才。康熙八年（1669），董之燧的哥哥董之煌考上举人；康熙三十年（1691），董之燧考中进士，同年中榜的还有天长龙岗"陈门四进士"之一陈于荆。

董之燧金榜题名后，被任命为河南武陟知县。在武陟知县任上，他大胆改革，减少县衙开支；他体察民情，十分关心百姓疾苦，特别是减少了不少田赋附加。工作出色，百姓拥护，董之燧官运亨通，先是升任户部主事，后任云南道监察御史。董之燧的人生结局在嘉庆《备修天长县志稿》中也有记载：后以建言见惮，外转兴泉永道，于路即中事罢职，以疾终。留有诗集，曰《遗珠集》。诗人董之燧太喜欢建言献策了，肯定得罪了不少人，最终被免职，后因病而亡。

"摊丁入亩"这一税制构想是他在御史任上提出的。康熙五十五年（1716），董之燧上疏朝廷：

> 皇上轸念民生，高厚之恩真有加无已，但现在人丁尚多偏苦，各省州县丁制亦有不同，有丁从地起者、丁从人起者。丁从地起者其法最善，而无知愚民每每急求售地，竟地卖而丁存；至丁从人起者，凡遇编审之年，富豪大户有嘱里书隐匿不报，而小户贫民尽入版册，无地纳税，亦属不堪，一切差役俱照丁起派，以田连阡陌，

34

坐享其逸。贫无立锥，身任其劳，既役其身，复征其税，逃亡者有所不免。一遇逃亡，非亲族赔累则国课虚悬，现在人丁之累也。嗣后既不增额，则有定数可稽。臣请敕部行令直隶各省地方官，确查各县地亩若干，统计地丁、人丁之银数若干，按亩均派。

董之燧认为，康熙帝轸念民生，关心百姓的民本思想十分仁爱，但在实践中，会出现有田的人不一定交人丁税，而无田的人还要交人丁税的问题，造成不少人为少交人丁税不得不逃亡他乡，地方政府也难管好，社会容易混乱。他建议将丁银全部摊入地亩征收，即所谓"摊丁入亩"。康熙帝接受了董之燧的建议，康熙五十五年（1716）在广东进行了试点，但没有推广。真正推广是雍正二年（1724）先在直隶、福建两省推行，后在云南、河南、陕西、浙江等省陆续实行，逐步推广到全国大部分地区，贵州等少数地方和台湾则是在乾隆之后才得以完成的。此项政策的落实有力地促进了经济的发展，土地面积、财政收入和人口数量都实现了大幅增长。天长人董之燧的名字与"摊丁入亩"这一税收制度改革一起载入了史册。作为一个天长税务人，我们由衷地敬佩和感叹先贤的智慧。

董之燧提出的"摊丁入亩"这一税制改革，对我国当前的财税体制改革也有一定的启示。科学的财税体制是优化资源配置、维护市场统一、促进社会公平和国家长治久安的制度保障。习近平总书记指出："要加大减税力度。推进增值税等实质性减税，而且要简明易行好操作，增强企业获得感。"从当前我国实施的减税降费政策来看，税制改革的落实和推行，既要考虑到国内外各种因素的影响，更要保证落实上的公平和有效，要让该受益的群体有获得感，提高他们参与市场的竞争力和积极性。

一 曾是千秋客

35

吴敬梓与天长

文学大家胡适在《吴敬梓与〈儒林外史〉》中说："我们安徽的第一个大文豪，不是方苞，不是刘大櫆，也不是姚鼐，是全椒县的吴敬梓。"吴敬梓是清朝中期人，他的章回体小说《儒林外史》，是一部有跨时代意义的巨著。通览全篇，我们会发现，小说从第二十九回开始写到了天长人杜少卿、杜慎卿兄弟。而研究者普遍认为，杜少卿即吴敬梓本人，吴敬梓在杜少卿身上赋予了自己的人格理想。

写儒林人物的外史，为什么青睐天长人，并选择天长作为小说故事的发生地之一？小说家吴敬梓与天长有哪些渊源？

一、吴敬梓和天长文友

在吴敬梓的《文木山房诗文集》中，有两首写给扬州江宾谷的诗（《岁暮返金陵留别江宾谷二首》）：

> 广莫风多寒气凝，布帆霜雪照愁灯。
> 从今只可凭双鲤，问讯相如病茂陵。
>
> 长云断岸尽相思，衰柳何堪绾别离。
> 楚鼓数声村落晚，扁舟重遇佛狸祠。

乾隆四年（1739）秋天，老友团昇邀请吴敬梓和江宾谷到仪征游历，直到岁末，共三个多月。期间，他们还到过瓜步山，诗中的佛狸祠就在瓜步山上。现在此山属于南京市六合区。但是，明嘉靖《天长县志》记载，瓜步山属于天长。以此来说，吴敬梓是到过天长的。

后来，江宾谷因病先走了，吴敬梓因此寄赠诗歌，关切地询问病情，还表达了和老友故地重游的期盼。

江宾谷是谁？据清光绪《仪征县志》载："江昱，字宾谷，号松泉。"他是当时著名的学者、诗人，善经学，被袁枚称为"经痴"。他的弟弟江恂是诗人、画家，两人被扬州文化界称为"广陵二江"。

江昱的妻子陈珮是天长陈门四进士之一的兖州太守陈于豫的女儿。很可惜，她在雍正六年（1728）仅二十二岁时就去世了。陈珮是个才女，留有诗集《闺房集》。江昱在《亡妻陈君墓碣》中写道："三月望日葬于天长县北雁落墩，祔于祖茔之后右三十步。"

这句话向我们传达了一个重要信息：江昱家的祖坟在天长县北的雁落墩。

雁落墩在哪里？康熙《天长县志》记载：乐乐堤，在县北十里，今呼雁落墩。江恂诗集《蔗畦诗稿》中有《天长道中二首》。其一有"凄凄在行役，明日又清明"句，显示此诗作于清明前。其二有"今来三过此，回首易酸辛"句，且下有注："岁庚戌侍先子，壬戌扶先子榇，今复展墓。"清明当天，江恂又作《雁落山展先子墓》《雁落山庄有怀七兄议上》两首，其中有"清明展墓独销魂，泪洒飞花雁落墩"句。由这些文字可知：清雍正八年（1730），江恂还在雁落墩侍奉父亲江世栋；而到了清乾隆七年（1742），其父亲已过世并安葬在雁落墩。可见，雁落墩是江家祖坟所在地。江恂历任徽州、亳州、凤阳知府，政声很好。据嘉庆《备修天长县志稿》载，江恂死后葬在天长郑集东五里处。

江昱则在《买陂塘·寄天长刁去遐》中明确地说"余家雁落山庄瀕湖，与去遐居相近"，而且"小庄沿堤种桃花时最盛"。既然江昱的家在天长雁落山庄，祖茔在天长雁落墩，那我们可以说，"广陵二江"其实也是"天长二江"。并且，从地理上讲，天长紧邻扬州，宋时曾隶属扬州；天、扬之间交往甚多，生活方式和人文习性等都很相似，天长文化是融入扬州文化的。

吴敬梓曾多次到扬州，与扬州文士往来密切，与"二江"也有诸多

一 曾是千秋客

交往。

乾隆十七年壬申（1752）正月，江恂到安庆府参加省试，过金陵（南京）时拜访了吴敬梓，江昱也同行。此行之后，江恂留有诗作二首，诗序中写道："壬申正月以省试过金陵吴敏轩，为道县庄鱼门两程君系怀昨岁余豫章病状，不得消息，夜阑秉烛相对如梦，率尔成篇用志友谊……敏轩招同涂长卿、严东有暨令侄珠朗、家兄昱聚饮文木山房，以诗为酒政，指盘中果蔬命题，分体限韵，凝思者罚酒巨钟，落笔如飞共相笑乐，酒酣复指涂、严二君。"可见，江氏兄弟和吴敬梓关系很好，考试前他们还聚会喝酒，分体限韵作诗。

吴敬梓多次往来扬州、淮安一带，并客死于扬州。他的好友程晋芳所作《哭吴敏轩》中有"死恋扬州好墓田"句，正是其一生魂系扬州的心迹所示。除了仪征、南京的相聚，乾隆五年（1740）五月，时年四十岁的吴敬梓再次来扬州，向他的官场朋友、身为两淮盐运使的卢见曾寻求资助。适逢卢负谤获罪，被遣戍台前夕，吴敬梓与江昱都参与了题赠《奉题雅雨大公祖出塞图》诗及送行活动；在高凤翰等人为卢见曾所绘的《雅雨山人出塞图》长卷上，吴敬梓、江昱都有题诗（现藏故宫博物院）。

吴敬梓为江昱的《尚书私学》写过序，称誉："宾谷生千古后，举《舜典》一元字，云已开老氏一家之学，为五千言之权舆。则知老子虽深远，要不外乎经。"还说："此正余一人之私，盖二十八字先儒久斥以为伪者也。斯其卓识不在宋儒下盘旋，亦非汉、晋诸贤所能笼络。他若辨九族，辨五事，因梦与卜，以破后世鬼神荒诞之见，皆足以补注疏所未备。固非词章之士所可及，以之嘉惠来学，揭与日月同行可也，岂一人之私学乎哉？"盛赞江昱不让宋儒的卓识、补缺经学注疏的才华和远超那些只会舞文弄墨的文人的学识。

作为同时期的文人，吴敬梓和江昱还都拒举博学鸿词科，不愿做官，生活放达率性。才华与个性相挥发，成就了两个文化大儒，也产生了小说中杜少卿的原型。

除了"二江"外，还不得不提到与吴敬梓同时代的天长另一个大文豪——官至阿迷知州、陈门四进士之一的陈以刚。江昱的妻子陈珮是陈以刚的堂妹，陈以刚在为江昱和江恂写的书序中都提到"江昱，我妹婿也"。陈以刚与袁枚关系很好，但时任江宁知县的袁枚不认可吴敬梓，这也让陈以刚与吴敬梓之间交往很少。但作为同时代的文化人，他们都为江昱的著作写过序，都有共同的朋友圈，如程梦星、程晋芳、金兆燕等，应该说他们是彼此熟知的。

与天长文化人的来往，使吴敬梓更了解天长和天长文化，积累了一定的以天长人为主人公的素材。

二、吴敬梓行途中的天长

既然乾隆四年（1739）吴敬梓到了瓜步山，我们推想，作为家在天长又同行的江昱，有可能邀请团昇和吴敬梓等朋友到雁落墩家中做客，并且适当安排众人在天长其他地方游历。

除此次以外，吴敬梓还有没有其他可能来过天长呢？

吴敬梓的《赠真州僧宏明》诗中有："十四从父宦，海上一千里。"他的堂兄吴檠在《为敏轩三十初度作》中也说他"汝时十八从父宦，往来江淮北复南"。康熙五十三年（1714），吴敬梓的嗣父吴霖起从拔贡被选任为江苏赣榆县学教谕，少年吴敬梓就随同他至赣榆任上。

从全椒到赣榆有两条路：一条是水路，自襄河码头出发到长江水道，再沿京杭大运河一路向北，经过海州（今属连云港）等地到达赣榆。水路相对经济、安全，是吴敬梓多次行走的路线。另一条是陆路，由全椒至滁州、来安、天长、盱眙、洪泽、淮安，再经大伊镇或沭阳、海州抵达滨海的赣榆。

到康熙六十一年（1722），吴敬梓在赣榆度过八年光阴。期间，他不时往返故乡全椒与赣榆之间。处于陆路往返中途的天长，他有极大可能来过。另外，鼎盛时期的吴家在天长置有产业。日常的管理，尤其是吴霖起曾变卖家产、筹资近万两修建在地震中毁坏的赣榆文庙、尊经阁，新建"敬一亭"，吴敬梓都有极大可能随同其嗣父或自己单独来过天长。

天长近江枕湖，冈陵起伏，是一块民风淳朴的福地。全椒和天长都属于江北丘陵地带，一样的文风郁盛，全椒吴氏一族出了很多文人进士，

一

曾是千秋客

龙岗陈氏也出了四进士和多名官员。凡此种种，应当对吴敬梓的小说创作产生过不小的影响。吴敬梓对天长的了解如此之深，使得他就像一位预言家——《儒林外史》中杜少卿的祖父是状元，就在《儒林外史》成书七十年后，天长果真就出了皖东地区唯一的状元戴兰芬。

三、《儒林外史》中的天长和天长人

从小说《儒林外史》中对天长地理的描述看，吴敬梓对南京到天长的路线是颇为了解的。第三十一回《天长县同访豪杰 赐书楼大醉高朋》记载："第一日过江，歇了六合县。第二日起早，走了几十里路，到了一个地方，叫作四号墩。"四号墩是过六合城后，到天长的一个小集镇。这种熟悉，间接证明了吴敬梓可能来过天长。

吴敬梓了解天长的历史文化。第三十三回《杜少卿夫妇游山 迟衡山朋友议礼》中，杜少卿名声很大，第一次见到迟衡山，迟衡山评价他："先生是海内英豪，千秋快士！"吴敬梓几乎把自己的经历、遭遇及对待世俗的态度、理想都移植到杜少卿这个虚拟的天长人身上了——天长最早叫千秋县，后改天长县。小说中迟衡山赞美杜少卿"千秋快士"，是吴敬梓借"千秋"一词，一语双关，既说杜少卿是千秋人中的快士，从人物来处赞扬了杜少卿；又从千秋万代的层面即未来的历史意义上高度评价了杜少卿。

《儒林外史》中的天长人有杜少卿、杜慎卿、臧三爷等，这些人物构成小说中杜氏兄弟的生活圈。小说第三十四回以高先生之口说："我们天长、六合是接壤之地，我怎么不知道？诸公莫怪学生说，这少卿是他杜家第一个败类！他家祖上几十代行医，广积阴德，家里也挣了许多田产。到了他家殿元公，发达去，虽做了几十年官，却不会寻一个钱来家。到他父亲，还有本事中个进士，做一任太守。……做官的时候，全不晓得敬重上司，只是一味希图着百姓说好。……他这儿子，就更胡说，混穿，混吃，和尚、道士、工匠、花子，都拉着相与，却不肯相与一个正经人！不到十年内，把六七万银子弄得精光。天长县站不住，搬在南京城里，日日携着乃眷上酒馆吃酒，手里拿着一个铜盏子，就像讨饭的一般。不想他家竟出了这样子弟！学生在家里，往常教子侄们读书，就以他为戒。每人读书的桌子上写一纸条贴着，上面写道：'不可学天长杜仪。'"——读至此，有几个人不把杜少卿当作吴敬梓来看呢？

与变卖财产去行善积德、广交朋友却落下"败家子"骂名的杜少卿一样，吴敬梓在全椒也是个满城皆知的"败家子"——他"素不习治生，性复豪上"，动辄"饮酒歌呼，穷日夜"，"生性豁达，急朋友之急"，又兼以族人之间有"夺产之变"，"兄弟参商，宗族诟谇"，直到"田庐尽卖，乡里传为子弟戒"。

从家世看，吴敬梓出生在全椒"科第仕宦多显者"的官僚世族，"家声科第从来美"，吴氏一门，出过探花、榜眼和数位进士。杜少卿也是出生在书香门第的官宦人家，其父是江西赣州知府，祖父曾是状元，"一门三鼎甲，四代六尚书"。

从个性看，吴敬梓天资聪颖却不拘泥于死读书，喜欢浏览各地风情，胸襟不凡，睥睨尘俗；曾拒绝应雍正十三年（1735）巡抚赵国麟举荐参加的博学鸿词试，后来还不再参加科举考试。《儒林外史》第三十四回写了杜少卿装病谢绝做官，他蔑视科举，瞧不起功名富贵，也颇为离经叛道。从这些来看，两人的行径如出一辙。

雍正十一年（1733），吴敬梓在家财散空后，搬到秦淮河畔白板桥西。移家南京，是吴敬梓一生的重大转折。而小说第三十三回《杜少卿夫妇游山 迟衡山朋友议礼》中写道：杜少卿在家又住了半年多，银子用得差不多了，思量把自己住的房子并与本家，要到南京去住，和娘子商议，娘子依了。迟衡山说道："先生何不竟寻几间河房住？"杜少卿道："这也极好。我和你借此先去看看秦淮。"于是，杜少卿从天长搬到南京秦淮河畔的利涉桥河房。杜少卿搬到南京居住这一情节，带动了整部小说的写作中心也转移到南京士林。

人生际遇堪称雷同的吴敬梓与杜少卿，一实一虚，互为映衬，诠释了吴敬梓对真儒的评定。

"江左烟霞，淮南耆旧，写入残编总断肠。"吴敬梓潦倒落魄又恣意豁达的一生，让人感慨；他对儒林百态冷眼旁观般的针砭戏谑，更多显示的是他的热血与衷肠——他是诗人、小说家、浪荡子，更是椒陵大才子，千秋一快士！

每一次读到吴敬梓笔下的天长和天长人，我总是倍感亲近又心生诸多疑问：为什么吴敬梓会选择天长作为故事发生地之一，为什么杜少卿和吴敬梓的人生阅历如此相似？带着这个思考我们做过不少走访。本文做的一点研究，是远远不够的。很期待今后能发现更多藏在历史典籍中的吴敬梓与天长的新线索。这无论对提升天长文化的影响力，还是对进一步解读《儒林外史》，都是有意义的。

清朝天长才女王贞仪

　　她是地地道道的天长女子，她出生在书香门第，她九岁读书，写得一手好字。她不仅写诗，还写史学评论，在她的诗歌文章中，不少是她游历的大山大河，有江南，也有塞北。小小年纪，她就研究天文学和数学，而且研究成果十分丰富。

　　乾嘉学派代表人物，清代史学家、文学家钱大昕在帮助大学士阮元编审《畴人传》时，看到清朝这位才女的天文和数学著作，感叹她是东汉女学者班昭之后，一人而已。

　　1980年，著名画家范曾读了她的史学文章，为她挥笔创作了读史图（《王贞仪读史图》），并吟诗四首，其中有"三山五岳曾踏遍，胸中万卷深识广"，赞叹其不让须眉的胸襟。

　　2000年2月8日，北京天文台发现一颗小行星，国际天文学联合会以她的名字命名这颗小行星。

　　2016年，她入选美国畅销书《勇往直前：50位杰出女科学家改变世界的故事》。

　　2018年，她入选美国数学教授出版的《数学的力量：数学的反叛女性》一书。

　　她就是我们天长的才女王贞仪。

　　王贞仪，字德卿，天长北乡沂湖、马汉河一带人，后迁居江宁，又号江宁女史、金陵女史。其先祖是苏州人，明朝洪武年间迁到天长，曾祖父王颖哲以诗书教授于闾里，她的祖父王者辅从小就饱读诗书，后被朝廷录用，曾做过海丰知县和宣化知府、惠州知府、钦州知府，但因秉性耿直，得罪了上层，被流放到吉林。

　　王贞仪的父亲王锡琛，广读诗书，一生致力于医学，精于医术，曾

一　曾是千秋客

撰成《医方验钞》四卷，王贞仪的医学是随父亲学的。王贞仪十九岁时全家迁居江宁，她在《德风亭初集》自序中落款为金陵女史王贞仪。据同治《天长县志》记述，天长这一门王氏后人都是王者辅弟弟王者相的后代。那么，王贞仪究竟有没有在天长生活过？答案是肯定的，王贞仪不仅在天长生活过，而且留下了不少诗歌和文章。

《德风亭初集》中有一些诗文，记录了王贞仪在天长生活的痕迹，二十八岁的王贞仪写过一首诗叫《题女中丈夫图》，其中有一段记述："余年十一侍先大母董太恭人之吉林，遂偕白鹤仙、陈宛玉、吴小莲诸女士藏书于卜太夫人之门，复习骑射于蒙古阿将军之夫人，十六回江南，又侍大母及家严等自都中至关西，又由楚之粤，十八归泗州天长旧居，十九复回金陵，二十五适外，盖于归宣城迄今又三年矣。"这段话记述了王贞仪人生的几个节点，对于研究王贞仪的人生历程十分重要。

乾隆四十九年（1784），那一年十六岁的王贞仪和祖母、父亲一起游历，两年后即王贞仪十八岁时回到了她的出生地——天长北乡的老家。

王贞仪家有一大块园地，因为家人读书、教书、做官，祖父把这块园地交给一个姓韩的老人管理，老人特别忠厚和勤奋。耳闻目睹老人的品行和为人，王贞仪用优美的文字写下了《韩园公传》，文章开篇写道："余家天长之旧居有园地三十亩，邻于屋之旁，园中近地西隅，拓畦隙为茅屋七间，园以内所蓄果树、蔬菜各半之。"这是王贞仪家天长旧居的情况。由于一家人以学业为主，祖父王者辅招用一个姓韩的老人来看园子，不知其名，而称之为韩园公。韩园公为人忠义，做事认真，九十二岁时与她家告别，后来无疾而终。文中写道："平日行动一切远异常人，乃甘伏处十亩之间，数椽之内竟隐其里居名字，而浮沉以没世不重，可惜与余以为其诚，非老圃者流，殆隐于园者耶。"王贞仪认为韩园公不是一个平常的人。

王贞仪有一个从叔叫王廷琛，字鲁献，号棣庵。王棣庵生活在天长东乡，他是一位学者，尤善写诗。王贞仪在《裕圃记》中写了从叔王棣庵与叔母何孺人耕种二十多亩园圃，从叔给园圃起了个名字叫裕圃。王贞仪和祖母回天长老家看望从叔、叔母时，叔母向王贞仪讲了种园圃的快乐，以及园圃为什么叫裕圃的始末，王贞仪十分敬仰和羡慕，于是写了这篇《裕圃记》。王贞仪这样写道："家从叔棣庵同叔母何孺人居天长邑之东乡里，叔少业儒，而兼习农务，以故孺人亦知耕种事，家宅之东有园圃，名曰裕。"王贞仪在文章的最后这样写道："虽食一箪而饱，酒一升而醉，无求侈乎口腹，而心裕如也；夏一席而凉，冬一裘而温，无求奢于衣服，而身裕如也；颂吾书读吾诗，无求务于盘乐玩好，而志裕如也。"文中王贞仪对待富裕的认识格局很大，她认为一个人的富裕不是吃喝玩乐的富足，而是自己的志向要远大。这也是她要写《裕圃记》的原因。

从小生活在天长的王贞仪，十一岁时和祖母、父亲外出塞北，十八岁时又回来生活一年，可见王贞仪对她的旧居是十分有感情的，特别是她的兄弟姐妹在那里生活过，她有不少诗记述了她的这种情怀。她在《题天长旧居藏书阁》一诗中写道："万卷遗先泽，牙签历世披。编摩开手眼，友尚得师资。逸种标完帙，珍藏博广知。陶匏聊复志，堪敌百城奇。"王贞仪的曾祖父是一位教书先生，家里藏书有很多，每每读书如见师友，所以才能博广知。这一点也反映了王贞仪的家风，她的祖父、父亲，包括王贞仪本人都喜欢读书、藏书。十六岁的王贞仪和祖母从吉林回家时，带回来的是祖父遗留的七十五箱藏书。

王贞仪有不少诗记述了天长亲人之间的真情，特别是那种别离的忧愁。她在《天长旧居别大姊即次送别原韵》一诗中写道："闺中怜远别，相送感离群。故国翻如客，知心独有君。可堪经月叙，又拟隔年分。双泪尊前落，关河怅白云。"乾隆五十二年（1787），王贞仪从天长旧居回金陵时，她的大姐生活在天长旧居，临别时她写下了这首诗，后来她在《寄大姊书尾作此》一诗中写道："聊将尺素代抒衷，每拟传词下笔工。纸短意长书不尽，临缄依旧又匆匆。"因为和大姐不常相见，在为大姐书后题诗时，情感十分浓厚，以至于"纸短意长书不尽，临缄依旧又匆匆"。王贞仪与大姐是亲人也是诗友，更是朋友，她在《怀天长女士刘湘蘅》一诗中写道："已是十年隔，相思空尔情。岂知南北别，竟见死生盟。孤梦人千里，残秋雁一声。关河叹修阻，愁对月华明。"王贞仪专门写到了刘湘蘅、她和大姐三人的生死盟约：已是十年隔，竟见死生盟。王贞仪十八岁在天长居住的那一年与刘湘蘅和大姐结拜为姐妹，古人叫雁序，十年后刘湘蘅已远嫁邗江，而大姐已经去世，远在宣城的王贞仪想到天长的故人旧友，十分感慨，才有"孤梦人千里，残秋雁一声"的感叹。

王贞仪童年曾随祖父母生活，祖父一生坚持读书的习惯对她的影响特别大。祖母董氏是天长进士董之燧的后人，也善诗文。在祖父母的关爱下，王贞仪九岁时就学诗歌和古文，聪颖好学。王贞仪十一岁时，祖父病死于吉林，祖母带着她一起奔丧塞北。王贞仪姐妹五个，祖母只带她去，可见她与祖父的感情很深。这一点在她的诗歌《月下敬怀家大人》中得到了证实，诗中的"大人"是对祖父的尊称。诗中写道："远别残冬候，思亲独倚栏。可怜衣上月，同照不同看。"某一年的冬天，王贞仪在老家的月下，想到祖父，泪水湿了她的衣襟，一样的月光，不一样的心境。

二十五岁那年，王贞仪才与宣城的学者詹枚结婚，婚后依然潜心做学问。婚后第四年，即嘉庆二年（1797）冬天，二十九岁的王贞仪因病去世，在她去世前两个月的秋天，她为文集《德风亭初集》写下了序。王贞仪虽然过早离世，但她在天文学、数学、诗词等方面的成就令后世瞩目。王贞仪的主要著作有：《德风亭初集》十四卷（现存十三卷）、《德风亭二集》六卷、《绣绁余笺》十卷、《星象图释》二卷、《筹算易知》二卷、《重订策算证论》一卷、《西洋筹算》一卷、《增删女蒙拾诵》一卷、《沉疴呓语》一卷、《象数窥余》四卷、《文选（诗赋）参评》十卷。这些著作大部分已经遗失，不能不说是一大憾事！我手中阅读的蒋氏慎修书屋校印的《金陵丛书》丁集之《德风亭初集》也只有十三卷，可以说王贞仪与天长的情结远远不只是这些。

"始信须眉等巾帼，谁说女儿不英雄？"这是王贞仪在《题女中丈夫图》诗中的诗句。是的，她就是英雄，短短的一生，在天文学和数学方面取得了当今世界仍然认可的学术成就。欣逢盛世，我们天长应该为这位学术上的英雄树碑立传，让我们的年轻人以她为楷模，奋发有为，走在时代的前列，改变我们的世界，造福人类社会。

品读清天长人宣鼎《夜雨秋灯录》

　　清代是中国文言小说创作史上的一个高峰期，不但作品多，而且质量好、品位高。天长人宣鼎写的《夜雨秋灯录》及《夜雨秋灯续录》，就是其中的名作。鲁迅在《中国小说史略》中曾给予评价："天长宣鼎作《夜雨秋灯录》十六卷，其笔致又纯为《聊斋》者流，一时传布颇广远。"

　　打开清同治《天长县志》，在人物传中，我找到了对宣鼎那坎坷一生的描述。我仿佛看到了一个封建时代文人贫困潦倒的凄惨形象，听到了他从社会底层对晚清社会现实发出的无奈感叹。

　　宣鼎，字子九，号瘦梅。清道光十二年（1832），他出生在天长城外宣家河头，从小过继给家境殷实的伯父家，因此受到过良好的教育。十多岁时，他就能作诗绘画；二十岁时，继父母去世，宣鼎痴迷于字画，不理生计，家境日渐破落。但即使到了衣不蔽体、食不果腹时，他仍钟情于诗词、流连于字画之间，曾自叹是"抱赤心而祥鉴，遇白眼其无辜"。一贫如洗之中，他自号金石书画丐，并请老师作其乞丐之像。

　　咸丰年间，正值太平军起义，作为扬州西门户的天长是兵家必争之地。此时，已与表妹成婚的宣鼎带着家人，住在高邮湖畔，凄凉而又艰难地躲避战乱。为了生计，经人推荐，宣鼎到江南给清军做幕僚；后又辗转在上海、扬州、苏州一带以卖画为生，并在盐城当过私塾先生。清同治九年（1870），宣鼎被山东桃源知县孔某聘为书记，公事之余开始创作传奇戏剧《返魂香传奇》；第二年又到兖州府滋阳县为幕僚。

　　清同治十一年（1872）秋天，宣鼎踏着满地黄花，悲凉地感慨着人生零落的痛苦，作为一个踌躇满志的文人，他因自己一事无成而大受刺激，重病一场。清同治十二年（1873），宣鼎在山东开始了他的文言小说

一　曾是千秋客

《夜雨秋灯录》的创作。昏暗的灯光下，他把平日里所见、所闻、所思写下来。三年后，他完成了《夜雨秋灯录》八卷、一百一十五篇。

离开山东后，宣鼎回到了家乡高邮湖畔。清光绪三年（1877），《夜雨秋灯录》及《返魂香传奇》在其好友《申报》主笔蔡尔康的帮助下得以刊印。接着宣鼎又抱病开始了《夜雨秋灯续录》的创作。清光绪六年（1880），蔡尔康再刊了《夜雨秋灯续录》八卷、一百一十五篇，并为其作序，称其为"亡友宣鼎所作"——此时，人们始知宣鼎已离开了人世，结束了他多灾多难、漂泊不定的一生。

通览宣鼎的人生历程，我们不难看出，他是用顽强的毅力创作了这样一部传世之作。正如他的《铎余逸韵》诗中所云：

夜雨秋灯手一编，寓公身在奈何天。

蹉跎不上凌云赋，且与稗官结幻缘。

这也是作者自我的真实写照吧！《夜雨秋灯录》是中国文言小说中的精品，刊印一百多年来，除大文学家鲁迅外，先后有多人予以评价。清末民初著名文学家邱炜爰在《菽园赘谈·续小说闲谈》中评价《夜雨秋灯录》一书："意翻空而易奇，纤新隽永，有清谈之风。观者善之。"上海进步书局印行的《夜雨秋灯录》中的提要写道："能于列朝及有清小说界中崭露头角，其宗旨不外劝善惩淫。绮而不妖，质而不俚，趣味浓郁，辞事新鲜……籊灯夜读，处处引人入胜，如啖佳果，如对名花，如睹龙宫宝藏，如听钧天广乐，非一览无遗、不耐咀嚼者所可同日而语。"（《笔记小说大观》第22册）这是同众多文言作品比较后得出的结论，应当说是十分客观公正的。

《夜雨秋灯录》一书是作者对社会现实的一种真实写照，作者搜罗往事、拾掇旧闻，利用小说这一故事情节高潮迭起的文学形式，反映了晚清封建社会统治阶级对民众的压榨和残酷剥削。如卷三《父子神枪》中几十个营卒对一个"盐贩子"无情摧残，忍无可忍之下戈叟父子出于义愤枪杀营卒。书中也有多篇以反映婚姻家庭为主的戏剧化作品，表明了作者对封建社会妇女命运的同情，如《婷婷》《姜小玉》等。值得一提的是，在《秦二官》《柳声》等篇中，作者通过篇中人物的语言发出了要冲破门第和婚姻自主的民主进步之声。

宣鼎作为一个穷困潦倒的文人，广泛接触的大多为下层社会人，因而他的作品中小人物多大人物少，情感丰富，生活气息较浓。讴歌的对象多为下层社会的一些正直、勇敢、善良的人。当然，作为一个封建社会的文人，其作品中也有一些封建伦理道德和迷信思想。

作者呕心沥血六年而形成的百万字文学作品《夜雨秋灯录》，内容丰富，艺术造诣很高，质精而不俗，堪称清代文言小说的压轴之作。

首先，作者采取了"扬弃"的手法，一改以往文言短篇平叙的写法，把许多社会生活中的故事以制造悬念、埋下伏笔的形式，用生动的情节戏剧化地加以表现，曾有学者称："《夜雨秋灯录》之笔是戏剧之笔。"其中最著名的当算是《麻疯女邱丽玉》。这是一个以前（《夜雨秋灯录》之前）也曾有过记载的民间故事，主要是说邱丽玉这名女子因身患麻疯病而遭受的不幸，但都不如宣鼎所写的那样曲折生动。另外，为报恩而冒死救人的《龙梭三娘》等，故事情节都比较生动，高潮迭起。

其次，宣鼎也是一个诗人，其文言小说中有着较浓厚的浪漫主义色彩，意境优美，想象力十分丰富。如写到了天长举人程禹山曾著有《冰炭缘》小说，兵燹后手稿丢失，作者仅凭幼年所读，生动地写出了冰国公主琼枝尼姹与炭国王子温蕊倪婴这两个身处水火不容的国度的男女间感人的爱情故事。又如《噩公子》《琼琼紫霞贞姑》《树孔中小人》等也都充满想象力，用浓郁的浪漫之笔，描写一出出妙事，令人感叹。

再次，作者把人物的形象塑造得很生动，尤其是通过对人物形象的勾勒、心理的描述以及个性化语言和故事情节矛盾的突出，使小说中的人物有血有肉。如《姜小玉》中对曾二郎这一无情无义人物的刻画，让人对篇中的姜小玉产生无比同情，最后以曾二郎之死、曾大郎之疯，把故事情节推向了因果报应这样一个结局。《夜雨秋灯录》中有多篇是以主要人物来命名的，如《王大姑》《盈盈》《吴孝子》《珊珊》《麻疯女邱丽玉》《卓二娘》等。

最后，作品乡土气息较浓，天长人对这点感受最深。二百三十篇文言短篇中，有好几十篇写到了天长和天长周边地区南京、扬州、高邮、淮阴等地的奇闻趣事。其中既有一些民间传说，如《古泗州城》《楠将军》；也有一些关联史实，如写天长小关稽家庄的《稽聿殁为文信国公冥幕》，反映在天长遇难的抗倭英雄沃田的《神灯》；有写因果报应发生在天长的《姜小玉》《阎王断》；也有写为官清正、明断案件的高邮县官邵阳公的《绿蓑钓叟》。这些发生在天长和天长周边地区的旧闻往事，有的现在仍在流传；所用的一些乡村地名，有的现在仍在使用。这就让人读起来倍感亲切，如在身边，似在昨日。

宣鼎除写小说外，还善作诗和绘画。其诗甚多，在《清画家诗史》中有记录；其画受"清末花鸟派"影响，所作花鸟画曾被称为"花鸟极超拔，赋色妍丽"。我在天长博物馆曾目睹其几幅花鸟画，尽管时间久远，但看起来仍十分妍丽，有"鸟呼之欲飞，蕊泼之欲开"之感。

写文章、作诗、绘画是人生的寄托和享受，以诗言志、以景抒情、以事鉴人。在宣鼎短暂的人生旅程中，前四十年是在读书、吟诗、绘画中贫困度日、艰辛求生、流浪漂泊，最后几年则以顽强的毅力，抱病书写文言小说《夜雨秋灯录》。作为一位小说家，他笔下的一事一物、一动一言都让人感到他善于编织，故事情节波澜迭起、引人入胜、讽喻无比，令人回味无穷，深层次挖掘了人生哲理，揭露了社会现实；作为一位诗人，他对生活充满热情，作品中洋溢着浓厚的浪漫主义色彩，把一个封建时代文人的艰辛在诗的美丽意境中化作了生活前进的动力；作为一位画家，宣鼎以一双巧手绘出了大自然的绚丽多姿，体现了他对大自然的热爱和对美好生活的憧憬。

农历九月二十八日是宣鼎的诞辰，在这个落叶飘零的晚秋，作为一个文学爱好者、一个天长人，在宣鼎去世一百多年后的今天写这篇文章，算是对生不逢时的小说家、诗人、画家宣鼎的一种缅怀和崇敬吧！

写于1998年晚秋

雪舞春堂化时雨

　　江南的早春遇上雪，总会给人带来无穷的诗意。江南的雪不如说是江南的花，飘飘洒洒，有着别样的美丽与繁华。我去江南并不是为了欣赏雪花，冥冥之中，上苍像是知道我去江南之意，让我巧遇这场大自然的神来之作，还有他。

　　雪花印着我的足迹行走在扬州的平山堂，行走在苏州的可园，行走在杭州的西湖，行走在南京的莫愁湖、清凉寺……其实我的江南之行，只为寻找一百多年前他的足迹——他爱家乡全椒的一山一水，也爱杭州的一草一木，亦爱南京的一亭一阁；他通讲学，精诗词，擅对联——江南名胜处，人们往往可以看到他的对联。

　　他有一个春风化雨般的名：时雨。他有一个悯恤苍生的字：慰农。他有一个乡愁绵绵的号：桑根老农。瑞雪春风及时雨，他就是我们安徽全椒人薛时雨。

　　让我记住薛时雨这个名字是在浙江嘉善。我去嘉善查阅天长人陈以刚就任知县时的传记，在历任知县名录中一眼就看到一个熟悉的名字：咸丰六年（1856）的知县、全椒人薛时雨。我想起滁州琅琊山醉翁亭的对联和题名，那仿佛因溢出酒香而醉倒的"醉翁亭"三个字，落款正是薛时雨；我记起游览扬州平山堂欧阳修祠堂时，正堂上"遗构溯欧阳，公为文章道德之宗，侑客传花，也自徜徉诗酒；名区冠淮海，我从丰乐醉翁而至，携云载鹤，更教旷览江山"那副对联，落款处又是薛时雨……从滁州到扬州，他一路追随着一代文宗欧阳修。

　　"薛时雨"三个字深深印在了我的脑海，我要寻找他的踪迹。

一　曾是千秋客

51

一、十年薄宦梦一场

全椒文风鼎盛，有着深厚的文化底蕴。宋代建学宫孔庙，明代设书院，崇文重教，培养了大批人才；科举时代有"一桐城，二全椒"的美誉；特别是清朝中晚期以《儒林外史》的作者吴敬梓的吴氏家族、金兆燕家族、薛时雨兄弟等为代表，形成了当时全椒独特的文化现象。

这其中薛时雨兄弟的出现相对晚一点。薛氏兄弟的出生就不同凡响，哥哥出生时正好春雷一声，又是黎明之际，很有文化的父亲给儿子起名叫春黎；而薛时雨出生时，久旱逢雨，所谓"好雨知时节"，故名"时雨"。

道光二十九年（1849），薛时雨参加安徽省的乡试，取得了第一名的好成绩，让他一时赢得不少风光；更让薛家高兴的是，咸丰三年（1853），薛时雨和哥哥薛春黎同登进士第。踌躇满志的薛时雨在次年踏上官场，就任浙江嘉兴知县。

嘉兴是鱼米之乡，但命运弄人，薛时雨上任不久便遇上了大旱，百姓几乎颗粒无收。薛时雨将情况上报知府，要求停征税粮，知府却置若罔闻，依旧发催科檄。薛时雨十分体恤百姓，拒不执行知府的要求，因此被免去官职。为此，浙江人赞美说"清官者，首推薛嘉兴"。

咸丰六年（1856），朝廷改任薛时雨为嘉善知县。此时太平天国运动正风起云涌，嘉善县也是太平军必攻之地，薛时雨审时度势参加李鸿章的淮军，做了一名幕僚。咸丰十一年（1861），太平军攻克杭州，眼见战火纷飞，百姓流离失所，而湘、淮两军又配合不佳，薛时雨赶到安庆拜见曾国藩，慷慨陈词，对局势做出了正确的分析，认为只有到太平军中去做瓦解分裂，才能使百姓少受伤害，得到了曾国藩的赏识和认可，促使两军力量整合。同治元年（1862），薛时雨成功诱降了嘉兴太平军将领投清，得到了清廷的认可。第二年，左宗棠奏请补授薛时雨为杭州知府，执掌浙江粮食储备。薛时雨上任时清军刚刚收复杭州，才经战乱，一片凋敝。他的诗作《哀杭州》写到的杭州城是"烦冤无告鬼夜哭，苦雾愁云塞山谷""佛若有情佛亦哭"。为此，他召集流民恢复生产，鼓励百姓重建家园，让黎民居得以安，心得以定；他兴办东城讲学所，明教化，修礼义，弘扬文化；为稳定局面，他善待俘虏，有一次甚至释放了上司要他处死的一百多名太平军。

薛时雨为官清廉，刚正不阿，养廉戒贪，专心于吏治，在杭州府署他曾写下这样一副对联告诫世人：

> 为政戒贪，贪利贪，贪名亦贪，勿骛声华忘政事；
> 养廉惟俭，俭己俭，俭人非俭，还从宽大保廉隅。

他的书房中也高悬着一副对联：

> 太傅佛，内翰仙，功德在民，宦迹胡承私向往；
> 道州诗，监门画，疮痍满地，虚堂危坐独彷徨。

他以对联自勉自警，时时告诫自己不耽声色，少想图谋私利，多思民生疾苦。

在他任期内，杭州城被治理得井井有条，百业俱兴，但是，薛时雨的时代，清朝的统治已风雨如磐；他的个性，又一直保持着中国传统知识分子的那份经时济世的理想，书生意气之下，也得罪了不少同僚，他遭到同僚的诋毁。同治五年（1866），他的兄长薛春黎在江西主持乡试时暴病身亡，朝廷让他临时接任江西乡试提调官。理想的破灭、兄长的身亡，让他心灰意冷，更让他看透了官场的种种把戏、厌倦了宦海的诸多游戏。于是，他长叹一声"两浙东西，十年薄宦；大江南北，一个闲人"，脱下官袍，转身离去。那年他还不到五十岁。

我曾疑问，身居此位，又有理想，他怎么如此轻易地转身离去？从他的同乡、道员张保衡写他的诗歌中我们得到了答案："自谓官职卑，实为民生系。地限一隅偏，命惜万民毙。关心悯夏畦，敛手征秋税。"

一颗仁善之心，为民生抗税罢官，这样的官员，在晚清官场怎能有立身之地。

二、半百人生归去来

薛时雨离开官场时，不是没有人挽留，但他婉拒了。时任浙江巡抚的马新贻，向他伸出橄榄枝，他坚辞不受，深知他才华的马新贻只好说："那你来崇文书院主讲吧。"于是，终不愿碌碌此生的薛时雨走向讲坛。

讲学中，他真正做到了"有教无类"：他的书院所收的学生，无贵无贱，无长无少，凡是想来求学的，他都敞开大门欢迎。在杭州的时候，甚至一个曾经的盗徒来求学，他也收下，毫不理会一些人对他"不分尊卑，滥收弟子，收盗贼为徒，变书院为猪圈"的指责。

薛时雨在杭州主持崇文书院三年后，归乡之意渐浓，便通过已调任两江总督的马新贻，到江宁尊经书院任山长。后来他又主持惜阴书院，直至终老。江宁离全椒仅一百多里，风土习俗接近。薛时雨后半生在江宁乌龙潭潜心讲学，培养了大量人才，这其中包括我国著名实业家张謇。

浙江人在西湖凤林寺后为他建造居舍，取名"薛庐"；南京人在钟山山麓也建造一座"薛庐"纪念他。

薛时雨是师者，也是晚清的著名诗人，在主讲书院的生涯里，他写下了大量诗词歌赋。《藤香馆诗删存》《藤香馆词》《西湖橹唱》等作品集里，有对国事的忧虑、对民生的关爱、对故土的眷恋、对历史的思考、对现实的无奈，有屈子、老杜忧国忧民的沉郁，有东坡、稼轩豁达豪放的气概，像古藤上一朵朵盛开在黄昏的、淋着雨的花，饱满、湿润，穿越了时空，至今仍摇曳、飘香。

乡愁是薛时雨诗歌中的永恒主题，特别是看到家乡遭遇战争的累累创伤，他更是忧心如焚。"菱湖称巨镇，乱后景凄清。华屋将军帐，荒村壮士营。"他一直把百姓系之于怀；"家垦五亩田，无牛自开掘"，"租赋县官催，差徭里正诈。终岁无一饱，反受不毛罚"，悯农之心，溢于言表。严迪昌在《清词史》中感慨地说："翻一翻道、咸、同、光四朝浩如烟海的词别集和各类词选，有多少不止于靡靡者，差强人意的则还有薛时雨的《藤香馆词》。"

薛时雨的诗文写得好，大江南北的湖山名亭、古刹、楼阁还留有他写的大量的佳对妙联。他在杭州府署题联：

> 受一文分外钱，远报儿孙近报身；
> 做半点亏心事，幽有鬼神明有天。

这副对联堪称廉政醒世。一位封建时代的官吏竟有如此高尚操守，对于今天的官员仍有深刻的教育意义。

薛时雨在杭州励精图治，也在杭州心灰意冷，他在林逋墓前题联：

> 大节匹阎公，取义成仁，青史从今尊县尉；
> 忠魂依处士，补梅招鹤，孤山终古属林家。

这副对联，赞美林逋有取义成仁的大节，也讴歌其归隐山林志高质洁的品性，更恰好是薛时雨自身心境的写照。

站在苏州沧浪亭前，薛时雨的心情是复杂的。沧浪亭的原主人、北宋的苏舜钦离开官场后领悟到"近水远山皆有情"的人生境界，触动了薛时雨的心，于是他在沧浪亭的明道堂上题联：

> 百花潭烟水同清，年来画本重摹，香火因缘，合以少陵配长史；
> 万里流风波太险，此处缨尘可濯，林泉自在，从知招隐胜游仙。

百花潭为成都杜甫草堂所在，"年来画本重摹"指同治十二年（1873）江苏巡抚张树声第三次重修沧浪亭，上联并写杜甫和苏舜钦的因缘巧合，也暗指两人均政治上不得志；下联直言世路崎岖，处处风险，又赞美此处有山有水，可濯缨洗尘，可远避政治风波，寻到自在人生。

然而，自幼就受儒家思想濡染的中国知识分子，血液里浸润了"修身""入世""有为"的理念，这样的理念与现实的严酷产生了巨大冲突。薛时雨也不例外。他自认为"杜陵广厦构胸中"，却白首无成，因此，在沧浪亭的五百名贤祠前，他写下：

55

千百年名世同堂，俎豆馨香，因果不因罗汉证；

廿四史先贤合传，文章事业，英灵端自让王开。

他以此来表达自己对先贤事业的仰慕：五百名贤虽未成佛证果，但受到后人景仰，四时享祭，亦为盛事；"让王"太伯与二弟仲雍将王位让与三弟季历，到吴地开启了精彩的吴文化，吴地人才辈出，至今集五百名贤至此——可谓洋洋洒洒中彰显其志：知其不可而为之，何必一定要证阿罗汉果？前有古人，后有来者，活过一场，有文章事业，便能无憾了。

自杭州至苏州再到南京，一路走来，薛时雨的心路轨迹也渐渐呈现在我们眼前。他怀古忧今，秦淮河畔嬉笑戏谈自比前度刘郎：

一曲后庭花，夜泊销魂，客是三生杜牧；

半边旧时月，女墙怀古，我为前度刘郎。

惜阴书院离清凉寺很近，他徜徉其间，不着衣冠，只谈农圃，面对佛陀，他留下：

四百八十寺，过眼成墟，幸岚影江光，犹有天然好图画；

三万六千场，回头是梦，问善男信女，可知此地最清凉。

这参破兴亡律的楹联，让人耳畔仿佛响起清凉寺悠长的钟声。

人生有始终，江山有代序，这些对联至今还挂在江南的山山水水间。百年而后，我们读着他撰写的既有儒法入世精神，又兼佛老出尘之念的对联，无法不沉迷在他的精彩笔墨与精神世界里。

三、修到梅花伴醉翁

咸丰三年（1853），太平军与清军激战滁州，北宋欧阳修时代修建的、作为我国四大名亭之首的琅琊山醉翁亭与丰乐亭同时毁废。薛时雨从江宁回全椒时，看到醉翁亭亭倒阁塌，丰乐亭泉竭树枯，非常痛心。他犹记苏东坡曾言"醉翁行乐处，草木皆可敬"，遥想自己幼时便"凭欧梅之亭，拓子瞻之碑""抚滁山之草木，有生敬于昔贤"，于是发下宏愿：定要重建醉翁亭！

光绪七年（1881），重建醉翁亭的工程动工。薛时雨亲自督工，并欣然题写"醉翁亭""有亭翼然""晴岚叠翠""山行六七里亭影不孤，翁去八百载醉乡犹在"等匾额楹联。

为了实现理想，清风两袖的薛时雨不顾年高重病枯躯，在玄武湖畔的赏荷亭摆字摊，每天站立近十个小时，向往来行人售字募款；他的行动也感召了时人，他争取到了湘帅曾国藩、安家于滁的四川兵部元帅吴勤惠等人的帮助；他的同乡、亲友、学生知闻消息，也纷纷解囊。在《重建醉翁亭碑记》中他这样写道："时雨养疴石城讲院，蓄此耿耿又七年矣。今年复布书问当路巨公，得裕寿山中丞、庐艺圃方伯、胡履平廉访提挈群贤，再畀兼金。时雨缮完之志，至是而始遂。其所以孜孜十余年，不惜以退废之身，数数于当轴公卿……"重新建成的醉翁亭，可以说是薛时雨人生的圆满之作。

滁州人感恩薛时雨。在醉翁亭畔，人们建了登楼即可观醉翁亭全景的薛楼，并把醉翁亭前让泉上的一座小桥称为"薛老桥"。

我常想，薛时雨无怨无悔地恢复一个"亭"，也许更为了圆一个"愿"——"愿将山色供生佛，修到梅花伴醉翁"。

我相信世人一定与我一样，最爱他题写在琅琊寺的这副名联。欧阳修曾在醉翁亭前手植一棵梅树，无限追慕斯人的薛时雨常常"行到亭西怀太守，扪碑亲扫绿苔封"，宁做一名"末座追陪者"，于是他借琅琊寺的题联寄托心愿：我愿将这一片青山供奉我佛，愿自身化为梅花永伴着醉翁！

光绪十一年（1885），薛时雨在南京病逝，遗体归寝故里。回乡路过琅琊山时，家人抬着他绕醉翁亭和丰乐亭走了一圈，让他与醉翁作最后的告别。

漫步在琅琊山的青山绿水间，聆听着仅以"愿将山色供生佛，修到梅花伴醉翁"为词的佛乐《禅诗组曲》第三曲，仿佛有山涧清流浅浅流淌，泅出一片梵呗禅吟。

步行薛老桥，观梅醉翁亭，拈香琅琊寺，一路走来，我相信，薛时雨已然修到梅花，长伴醉翁了。

蛾眉湾寻孝

天长是个孝子之乡，史载行孝之人甚多，有奔行千里寻亲者，有赡养孤寡至亲者，不胜枚举。但县以孝出名，多因北宋时秦栏镇朱寿昌弃官不做、千里寻母的孝行，被元代人郭居敬收录到《全相二十四孝诗选》（又称《二十四孝》）之中，而流传天下。明嘉靖年间，兵部主事王心回天长省亲，在知县邵时敏的邀请下，编辑了嘉靖《天长县志》，志中详述了王心等人如何将胜因寺申请变为朱孝子祠的全过程。

从同治《天长县志》看，明时所建的孝子祠不是一座，而是两座。一座是上面讲的朱孝子祠，还有一座孝子祠是明万历年间，为纪念天长蛾眉湾镇的孝子王枝所建。

蛾眉湾镇在哪里，现在天长人知道的并不多，天长古老的乡镇大都沿水而设，在三四十个老镇中，现存的不多，大部分连名字都不复存在了，其中蛾眉湾镇便是。我关注这个小镇，是因为关注明朝这个镇上，史书认为当与朱寿昌媲美的大孝子王枝。

出了天长北门大河湾向西三里，沿蒋家河东行五里是石梁镇孝庵村，明清时这里叫蛾眉湾镇，王枝就生活在这里。王枝十二三岁时，父亲去世，母亲无法养活他。当时有个徽州人在天长做生意，家中无子女，王枝的母亲便请这个徽州商人领养王枝，一来可以让儿子活命，二来家庭状况也可以好转。

王枝到徽州后，生活倒也幸福，只是每天夜里都要梦到母亲。王枝二十多岁时，有一次梦中母亲对他说自己不久就要离开人世了，希望见到儿子一面。第二天一早，王枝对养父母说一定要回天长看望一下亲生母亲，养父母见他十分执着，也未拒绝，只是劝他等等再说。王枝找到乡里贤士刘太学，请他帮助筹资回家看望母亲，刘太学被他的孝心所感动，便资助他回到天长。到天长时，王枝的母亲已于前几天去世，因未能见到母亲最后一面，王枝哭得死去活来。在乡人的帮助下，他在母亲的坟头搭起棚子，每天环绕着母亲的坟墓泪流满面，自责自己未能尽孝。由于长期不饮不食，加之心里过度悲伤，二十多岁的王枝最后竟死在了母亲坟前。乡人把此事传报官府，也传到了徽州刘太学那里。刘太学请示朝廷，在蛾眉湾镇出资建立了普孝庵，后改名孝子祠，并修葺了孝子墓。可以看出，王枝的孝行得到了当时人们的认可和推崇。

到了清乾隆年间，刚到天长上任的知县贺德让，第一件事便是要膜拜先贤。拜了东乡朱孝子祠后，随从告诉他城西还有一个王孝子祠。贺知县又专门拜了王孝子祠，感慨万分，专门写了一篇《王孝子祠碑记》，记述了王枝行孝之事。碑记是这样写的：

> 岁在丁丑，仲春之初，余奉命来莅兹土。入境之东，礼宋孝子朱寿昌先生祠，环堵幽清，佳植秀荫，里人之述其事者津津于口。……维时左右告余曰：邑有二孝子祠，其建于城西者前明之王孝子也。余……阅邑志，考子姓王氏名枝，父先逝，事母幸。其母以年饥故……子与徽贾，而孝子以不获侍晨昏亲色笑郁郁于怀，久而不置。太学刘生感其诚送归，而其母已亡，乃结庐墓顶，终日环泣，不寝不言以终。呜呼！孝子之心诚苦！孝子之情弥怆矣！是其树懿行而感人心者……所谓不可不传而人亦不禁其传者哉！

碑记中他认为，人称王孝子者无殊于朱寿昌，人们应当记住他。这一思想让人很是感慨，朱寿昌官至北宋司农少卿，而王枝只是明朝的一个农村小青年，弘扬孝道是没有尊卑之分的，在贺知县的文章中我看到了这一点。

解放后，蛾眉湾镇不复存在，但孝子祠还在，不少上了岁数的人都看到过，有的还在里面上过学。后来白塔河改道，河道正好通过孝子祠，西乡的王孝子祠连同孝子坟一起被毁掉。如今，这里已被称为石梁镇孝

60

庵村，村中的不少能人志士为了弘扬孝道，筹资数百万元，在原址向西五百米处重建了一座更加宏伟的孝子祠，以纪念王枝的大孝之德。

　　孝是中华民族的传统美德，是中国儒家文化的精髓，更是维系社会和谐的一个基石。前人以祠、碑、坊等形式纪念先贤，不失为一种大雅文化，当人们在敬拜孝子时，我想这就是孝文化的传承，文化需要传承！这一点，清乾隆年间的贺德让知县做得很好，他到天长为官的第一站是膜拜孝子，他拜的是一种美德，他知道百姓就是官员的衣食父母。就此而言，我们还需要向先人学习，要知道人类离开了孝，社会道德风气会是什么样呢？很难想象！"一切历史都是当代史"，在我们这个飞速发展的时代，人们需要寻孝、行孝，让焦躁的心灵有一种理性的回归，或许这就是我写这篇文章的价值所在。

一　曾是千秋客

曾巩为天长人写墓志铭

　　深夜，借助柔和的灯光，我总想在浩瀚的文字中找到故乡的某些情愫。或许是某个人，或许是某件事，或许是某个地名，或许是某一首诗、某一篇文章。对于这个缺失了历史承接的丹陵之地，这肯定是一种欣慰，历史的欣慰，当然，我会更加欣慰。因为我在唐宋八大家之一曾巩写的墓志铭中，看到了宋朝时期扬州天长秦栏朱氏家族与王安石、曾巩等文化大家、先贤们的友情，更看到了那些令人心动的亲情。

　　古人埋葬死者，有时会把死者的姓名、籍贯、生平事略及对死者的讴歌颂德刻在石上，埋于墓中。这些纪念悼怀、讴歌颂德的文字，就是墓志铭。墓志铭一般由志和铭两部分组成，志多用散文撰写，铭多用韵文。曾巩撰写的六十多篇墓志铭，有许多直接为天长人而写或者涉及天长人，所写的这些人都是他的亲朋，主要有《故高邮主簿朱君墓志铭》《沈氏夫人墓志铭》《知处州青田县朱君夫人戴氏墓志铭》《仁寿县太君吴氏墓志铭》《天长朱君墓志铭》等，这些墓志铭在曾巩的《元丰类稿》中都有记载，对于了解和研究天长的宋朝人文很有历史价值。

　　曾巩的父亲叫曾易占，江西南丰人，生于北宋端拱二年（989），卒于北宋庆历七年（1047），天圣二年（1024）进士。曾易占的家庭生活很不幸，第一任妻子周氏生子晔后不久就去世了；续弦吴氏生了曾巩四姊妹，十一年后也病逝，当时曾巩也就十岁；后来曾易占到真州（扬州仪征）做官，上任后经人介绍又娶了天长秦栏朱氏，生曾布、曾肇与八个女儿。

　　曾巩的这个继母朱氏是天长秦栏人朱齐卿的女儿。

　　曾巩在《故高邮主簿朱君墓志铭》中写道："君讳某，字齐卿，姓朱氏。其先家于彭城，五代之乱，徙于淮南，今为淮南人。曾祖某不仕，祖某赠刑部尚书，父某赠殿中丞。君尝试为秘书省校书郎、苏州之长洲尉、高邮军之高邮主簿以卒，卒时乾兴元年六月十九日也。后卒之若干年，其子象之、东之、升之、延之奉君之丧，葬天长县之秦兰（栏）里。……某官以书命巩曰：‘子其为我铭之’……娶耿氏，又娶贾氏。女归太常博士吴祥，柳州马平知县陈许，池州推官李枢。其季归于曾氏，某之先君，博士也。舅氏实命巩铭，其敢辞？铭曰：推心于家，其爱已孚。用力于官，盖以其余。得官于晚，寿五十四。故不太显，以极其志。"墓志铭中记述曾巩的继母朱氏的父亲叫朱齐卿，去世时年仅五十四岁，留下朱氏姊妹七人，朱氏在家排行老三，最小的弟弟叫朱延之。

曾巩与继母朱氏感情十分深厚。朱氏嫁给曾易占后，历尽千辛万苦才将包括曾巩在内的十几个孩子带大，且严督功课。除长子晔进士落选病逝于归途外，其他五子先后成进士，且高官显宦，如曾布官至尚书右仆射，宰相之位。曾氏兄弟间年龄差距大，曾巩生于天禧三年（1019），曾肇生于庆历七年（1047），两人相差二十八岁。尽管曾巩与继母朱氏之间没有血缘关系，但继母从小对曾巩的教育和爱护，已让他感恩一生。朝廷多次调他到外地做官，他都以继母年事已高自己需侍养老人为由而不往。元丰元年（1078）到福州后，他写下《福州上执政书》，书中说："诚以巩年六十……老母寓食京师，而巩守闽越，仲弟守南越。二越者，天下之远处也。"据此，他请求"或还之阙下，或处以闲曹"，慰其高年之母。可见曾巩对继母朱氏的孝心。但是，他一直到元丰五年（1082）才得以告老还乡，不久继母就去世了。第二年，即元丰六年（1083），曾巩在江宁去世，年六十五岁。

在舅辈中，曾巩与同龄人的朱延之感情较为真挚。朱延之的人生经历和曾巩很像，曾巩在《天长朱君墓志铭》中写道："君少孤，养母母之，父死岁久，其丧寓于远，贫不能归也。君居穷经营，卒能使之返葬。及晚而饶财，又能乐赈施，人以此多君也。"父亲去世后，朱延之就和继母生活在一起，那时曾巩也和自己的继母朱氏生活在一起。从墓志铭中还可以看出，曾巩很敬重他这个舅舅的为人。朱延之第一任妻子沈氏去

一 曾是千秋客

世时，墓志铭也是曾巩所写，曾巩在《沈氏夫人墓志铭》中写道："夫人姓沈氏……年二十有二，嫁扬州进士朱延之。有子三人……女五人，尚幼。夫人年四十有五，卒于熙宁元年十一月之庚辰，葬于某年某月某甲子，其墓在扬州天长之秦兰（栏）里……而朱君，余舅也，属余铭。"曾巩为天长朱姓舅家写过多篇墓志铭，包括写给朱延之本人、朱延之的父亲朱齐卿、朱延之的妻子沈氏、朱延之的姊母戴氏的。曾巩作为唐宋八大家之一，为天长人留下这样多的墓志铭，实是天长宋史中的一大事，如今这些墓志铭都还保存在天长秦栏朱家古坟茔中。

曾巩和天长的情愫还不止这些。宋朝人韩维在为曾巩写的《神道碑》中写道："元配晁氏，光禄寺少卿宗恪之女。继室李氏，司农少卿禹卿之女。子男三人：绾，瀛州防御推官，知扬州天长县事；综，瀛州防御推官，知宿州蕲县事；纲，右承务郎，监常州税务。二女早卒。"可以看出，曾巩的三个儿子都在做官，老大曾绾还曾在他祖母（曾巩的继母朱氏）的老家天长效力，担任过天长知县，也算是对祖母的告慰吧。

曾巩在《知处州青田县朱君夫人戴氏墓志铭》和《仁寿县太君吴氏墓志铭》中共同提到了一个人——朱明之。这个人很有来头，嘉庆《扬州府志》卷三十九载："朱明之，字昌叔，宋扬州天长人，王安石妹婿。仁宗皇祐元年进士，官至大理少卿。"曾巩在《知处州青田县朱君夫人戴氏墓志铭》中写道："知处州青田县事、天长朱君讳某之夫人曰高邮戴氏，年七十有七，治平元年九月庚午，以疾卒于楚州监仓之官舍，某年某月某甲子，葬于天长之某乡某原。有子四人……某，衢州西安县令。皆及进士第，好古而有文。夫人于某，外叔祖母也。故舅氏属以铭。"曾巩写给王安石的母亲吴氏的《仁寿县太君吴氏墓志铭》中这样记载："抚州临川王公讳益之夫人，卫尉寺丞讳用之之妇，年六十有六，嘉祐八年八月辛巳卒于京师，十月乙酉葬于江宁府之蒋山。……七子者，曰安仁、安道、安石、安国、安世、安礼、安上。安仁宣州司户参军，安石尚书工部郎中、知制诰，安世太平州当涂县主簿，安礼大名府莘县主簿，余未仕也。女三人，长适尚书虞部员外郎、沙县张奎，次适前衢州西安县令、天长朱明之，次适扬州沈季长。"前文写的高邮戴氏即曾巩的继母朱氏的婶娘。朱齐卿的弟弟朱济卿任过青田知县，朱济卿有个儿子是衢州西安县令，也就是后文说到的吴氏次女"适前衢州西安县令、天长朱明之"，朱明之与曾巩的继母朱氏是堂姐弟关系。朱明之后来任大理少卿，因案件而入狱，曾巩在《明州奏乞回避朱明之状》中写道："状为本路提点刑狱朱明之，是臣母之亲堂弟也。"朱明之与王安石兄弟的关系都很好，而且相处很早，相互之间有诗词唱和。

曾巩的外祖父朱齐卿与二十四孝之一的朱寿昌是堂兄弟，明嘉靖《天长县志》载，朱延之、朱明之等都是朱寿昌之从侄。朱寿昌的父亲朱巽与侄子朱齐卿年龄相仿，而且关系很好，甚至还受到侄子的帮助。《故高邮主簿朱君墓志铭》中记载："……以状言公之为人，有智计，喜施与，少从师学问，已而舍学业其家。家之食口数百，仰于君，君能资之，皆出乎衣食，嫁娶皆有余法。殿中之弟、工部侍郎巽，初举进士，数困，欲不复往。君劝之曰：'第行无以废为念。'故侍郎得曲就其志，至为达官，大其家，后卒官。君既居官，以材称，其为身务于廉，临狱讼务为恕。"这段记载说明，因为有朱齐卿的鼎力支持，朱寿昌的父亲朱巽才有机会成就自己。

北宋时天长长期隶属扬州，旧志多称扬州天长为望县。天长史志追溯的版本最早只能到明嘉靖时期，明之前已无确切历史文档。曾巩留下的这些墓志铭中的文字，让我们知道，在北宋时期，扬州天长秦栏朱氏家族是书香门第，上下几代多由科举步入仕途，其中不乏官职显赫者，而且表亲及联姻等亲戚更有如王安石、曾巩、曾布等。唐宋八大家中的曾巩、王安石，能与天长关系这样密切，很多人恐怕做梦也没想到啊！

清朝沂湖孝子徐颖绩

水乡沂湖，景色秀美，二十四节气鲜明，史传是灵气藏遁之地。所谓智者乐水，明清以来这里是不少能人贤士的理想居住地，清末才女王贞仪、袁枚好友大才子陈以刚等都在这里留下足迹或死后埋葬在湖边。康熙年间这里出了个大孝子徐颖绩。古人行孝都以立传而盛于世，我是在张宗泰纂嘉庆《备修天长县志稿》中发现徐孝子事迹的。

明末时，徐颖绩祖上从江阴迁入天长的沂湖徐家庄。徐颖绩的祖父徐沂是山西沁水知县，父亲徐煊是康熙进士、六合训导。徐颖绩于康熙甲辰年（1664）生于沂湖徐家庄，天性友善，喜欢读书，年轻时考过乡里的第一名。他的诗词、对联写得十分好，书房中挂着一副自撰对联："世间有几许名门皆因积德，天下第一等好事还是读书。"他几次考进士都未能考上，到了康熙四十六年（1707），因为西南长期战事，国家急需用人，起用了一批多次参加科举考试而未入榜的举人，徐颖绩名列其中，康熙皇帝亲自召见，授予徐颖绩四川叙州长宁知县。到任后，徐颖绩面对的是战争后留下的满目荒芜、百姓流离失所的凄凉景象。他及时出台政策安抚战争中的创伤，让百姓安定生活，积极投入生产。通过六年时间的努力，长宁县百姓安居乐业，生活状况得到了根本改善。这年夏天，徐颖绩收到家乡兄弟的来信，信中告诉他老母亲去世了，得到这个消息，徐颖绩即刻启程奔丧。封建社会做官的，父母去世了都要回家守孝三年，这叫丁忧，否则是要治罪的。百姓知道徐知县要走，都来乞留，但徐颖绩必须要回家奔丧的，百姓便自发组织起来排着很长的队，哭泣着为这位好知县送行。天长历史上在外为官的有这么好的一个知县，是当今为官者值得效仿的啊！

从四川长宁到天长有好几千里，徐颖绩日夜兼程一个多月，到家时母亲已经安葬。按照天长习俗，人死后，亲人是要见一面的，徐颖绩因未能和母亲见上最后一面而十分自责，已经五十四岁的他号啕大哭，在母亲的坟前哭了七天七夜，后因滴水未进气绝而亡。乾隆元年（1736），时任嘉善知县的天长龙岗进士陈以刚，回家省亲时听说徐颖绩的事后，被他的为人为官之道所感动，专门写了一篇《徐孝子墓志铭》，说徐孝子一生为人厚道淳朴，是孝顺的好儿子、报效国家的好知县；还感慨沂湖是个读书的好地方，生长在这里的不少人都是"读书成名，青箱嗣续"。

其实发现这位孝子的故事的并不是我，而是嘉庆年间的新街人徐炳文，若不是他，沂湖孝子徐颖绩的故事就可能会埋入尘土。嘉庆二十三年（1818）冬天，新街（过去叫龙王庙镇）举人徐炳文与友人偶过古墓地，见有徐孝子碑岿然立在他的家乡路旁，他用水清洗后发现题字是天长大……先生。徐炳文十分感慨，同行的人对徐炳文说，既然沂湖徐孝子墓在你的家乡，你就有责任把他的事迹宣传于世，使之载入史册。

通过多方走访，徐炳文找到了还在沂湖生活的徐颖绩的后人，后人拿出了陈以刚写的墓志铭原稿。陈以刚是天长龙岗人，康熙五十一年（1712）得中进士，参加纂修过《江南通志》。任过青田、嘉善知县，乾隆八年（1743）升任云南阿迷知州，不久即告老还乡。他为人落拓，嗜酒，工诗，善书法。与著名诗人袁枚往来酬唱甚多，在扬州、天长一带很有名气。看着陈以刚写的墓志铭原稿，徐炳文震撼了，墓志铭原稿记述徐颖绩不仅是个孝子，还是个政绩斐然、百姓爱戴的好知县。嘉庆二十四年（1819），徐炳文通过天长举人何榛建议将孝子故事编入张宗泰纂嘉庆《备修天长县志稿》中。

我们今天能读到这篇文章，真的要感谢有心人徐炳文，我从嘉庆《备修天长县志稿》读到这个故事时，被徐孝子的为人之道、为官之道所感动：他的一生不但是个孝子，又是个百姓爱戴的好官。把这样的故事写出来让大家共同享受、共同自勉、共同努力，不失是件快乐之事。

才子知县刘珊

在天长的历史长河中，有过不少外地来任职的知县，他们大多是科举出身，有一定的文化底蕴；但是，要提到特别有才情的知县，必然要提到一个人——清嘉庆年间的天长知县刘珊。

一

同治《天长县志纂辑志稿》记载：刘珊，湖北汉阳人。由嘉庆己卯进士莅天长任。文采风流，足标一邑。值岁旱，作文祈祷，旬日得雨，大沛甘霖。又督民捕蝗，作文引咎自责。公余邀集名流赓唱迭和，邑中弦诵之风于斯极盛。

从这简短的文字中，我们知道知县刘珊文采风流，关爱苍生黎民，喜欢在工作之余和名流诗文唱和，治理天长期间教化之风盛行。刘珊离开天长后，调任合肥知县，因工作业绩突出，又先后任泗州知州、颍州府知府和庐州府知府。

览读刘珊的家乡人陈艳萍写的《垌冢有个才子叫刘珊》一文，我们可以得知，刘珊出生在书香门第、官宦之家。

刘珊的祖父刘世栋，五岁时会背诵王勃的《滕王阁序》，终篇不遗一字；后中乾隆庚寅举人，一直在外为官，颇通医学，能按脉定方。

刘珊的父亲刘修程，一直在外当官。他曾任金坛县丞、溧阳知县等职。其子刘珊在《哭刘仆泽箔文》里记述，父亲溧阳公长年生病，后不得不病退；去世那年，刘珊才二十来岁。

嘉庆十六年（1811），刘珊中了进士，以知县之职被分至安徽。嘉庆十八年（1813），刘珊到天长任知县。天长是个依水而建的小城，高邮湖的烟波浩渺，渔舟唱晚，让上任三年的刘珊热心于诗词歌赋，在政绩上没什么建树；加上他性格率直，无人看好他。一时诽谤之言四起，对他的前途很是不利。

但是，他遇到了生命中的贵人，他的知遇恩师、刚刚上任泗州知州不久的李尧文。这使得他的工作有了质的提升。李尧文品德高尚，为人正直。他对刘珊的才华极为欣赏；对刘珊的工作，持鼓励和肯定的态度，并提出中肯的意见和建议。这样，刘珊在天长开始了对民生、经济、税收、水利等各项工作的统抓统领，成绩斐然，得到当地百姓的赞誉。在天长任上，他一干就是七年。

嘉庆二十三年（1818），朝廷对地方官员进行业绩考核，刘珊考核顺利通过。恩师每次和他见面都会提醒刘珊，说他性情太过正直，不谐于时俗。刘珊明白老师的肺腑之言，却依然刚直不阿。

嘉庆二十五年（1820），刘珊调任合肥知县。任职合肥期间，因善修农田水利，解决了长期困扰合肥农业的旱灌问题，得到朝廷认可。道光元年（1821），刘珊升任泗州知州。任职泗州期间，治水有力，并建议豁免多年压在泗州百姓身上的河帑摊派税，奏请朝廷且获得批准实施。为此，刘珊的政绩经验得到了推广。

道光二年（1822），刘珊又升任颍州府知府。白莲教闹事期间，刘珊一举将从河南蔡县窜入安徽颍州境内的白莲教徒悉数擒获。因"剿匪"有功，同年九月，被朝廷赐予花翎，并调任庐州府知府。道光四年（1824）初，刘珊在赴任途中病故，年仅四十六岁。

弥留之际，他叫来朋友陆继辂，为自己刻写墓志铭。陆继辂在墓志铭中写道："余与君定交在三君之后，而君弥留之际，气绝复苏，谆谆以墓石为托。君子幼，不能详知君志行。仅就余所及见者三事为文，以报君。"

二

刘珊既做官也做学问，而且学问做得非常好，是官员中难得的才子，是当时闻名一方的文人大家。读他的诗文，除了优美的文字外，最动人的是真情，这种在悲欢离合之际发自内心的真情，令人动容，催人泪下。

同治《天长县志纂辑志稿》中记载了刘珊的一篇《女余姑墓砖铭》：乙亥妾有娠，卜宜男，十一月而生女，时予已三女矣。长则将笄也，次三亦肩相差也，遂名曰"余"，谓诸女之余也，可谓予他日去官，独余此女，不得与时犊并留也。可弥月而笑，三月而牙牙语，五月而呼父曰爹爹也。白皙而颅方，双瞳炯然湛秋水，绝不好啼，啼则不可遏，必尽泪乃止。每将曙，辄索妪抱，行庭墀风露中有喜色，不则愀然不乐也。丙子六月初八，予以勘发冢狱归自墟墓间，灯下见女神色稍倦，问其母，曰无恙也。明旦疾作，亟视之，已不复能啼笑，越日遂卒。先两炊许，喘急如蛙声，犹手握予食指，目不斜瞬，喉中喃喃曰爹爹也。予不忍久视，决去之，适大雷雨，未几，报曰卒矣。

小女儿卒后，刘珊买来三尺桐棺，掩埋在城外，命仆人磨砖为志，并为之写了铭："殓未问其裸与襦兮，葬未问其城与郭。匪太上之忘情兮，空际昙花本无着。"

刘珊是一个孝子，他对母亲的情之深爱之真在他的不少诗词中体现得动人心弦。如：

> 儿生三十年，八九长依母。
> 弱冠侍江南，曾一归娶妇。

> 问儿不住声，抚儿不停手。
> 儿纵不得官，一见愁怀剖。

母亲的慈爱，对母亲的依恋之情，让他觉得，即使不当官又怎样，亲情面前，什么都可以释然。又如：

> 急索平安字，仆故出徐徐。
> 再三致慰问，道母康起居。
> 不幸禄（刘珊的长子名禄）儿小，惨遭载溺胥。

> 我闻大惊恸，吞声泪盈裾。
>
> 追思仓皇际，我母伤何如。

母亲回老家已八个月，却没有任何音信。他正滞留在京城，为落选而沮丧。后来老家来了一个仆人，向他传达老家的情况以及妹妹代笔的母亲的书信。听闻儿子刘禄在乘船回家的路上不幸落水夭亡，他哀思至极，悲痛不已，但马上想起母亲，失去了孙子，母亲该是多么伤心！就连连追问仆人，母亲的身体怎样。"仆故出徐徐"，写得多好。家里出了这么大的事，仆人也怕这个做父亲的不能接受，不敢直接拿出书信，往外掏的时候，是犹豫的，迟缓的。

古往今来，景色、情感、战争、大漠入诗的居多，但在刘珊笔下，没有什么不能入诗。一种让人讨厌的皮肤病，他也写得津津有味：

> 廿年返故关，宛在水中沚。
>
> 茅屋困沮洳，湿热蒸如毁。

二十岁的时候，他回到故乡看望母亲。那里是水乡泽国，人们住着潮湿的茅屋，得了疥疮，他很痛苦。姑妈劝他快点离开。他听了，反被激将，配合医生治疗，"去朽蠹安归，问汝何所恃"。我要彻底治好了再走，看它还怎么依附在我身上。

三

刘珊的文章清雄有力，极有气势。他的好友陈斌在为他的《委蛇杂俎》作序时写道："其文清雄，一气数行，十数行层折而下作一句读，并有不可句读者。昌黎气盛之说，于是见之且能宗旨道义，以正人心。……尝喜读人文集，盖各有所见，而不肯以韩欧作述相诶。四十以来，既无多作，亦少见时人之文若汉川刘海树。"这一评论，有刘珊的四首诗可以证明。其一《白蓼花》：

一　曾是千秋客

到眼西风醒，斜阳认有无。

秋心浓不得，水国淡相须。

破艇梢云浅，寒凫抱雪臞。

更谁觅孤赏，凄绝对江湖。

这首诗看起来是描写秋天的景色，实质上是写内心的感受，诗歌表达了作者孤独、苦闷的感受，以及对于社会生活中种种不圆满的无奈和失落。其二《秋归》：

秋色忽如此，门前落叶深。

蹉跎游子恨，慰藉老亲心。

新雨蝉声足，斜阳雁影沉。

不应怨迟暮，流水自鸣琴。

游子在外漂泊，感到岁月蹉跎，新雨带来的蝉声和斜阳下的雁影，给人一种安静、宁谧的感觉。作者劝诫自己和读者，不要怨恨岁月过快，而应该珍惜所拥有的，并享受生活中的琴音和流水之声。其三《折柳枝词》：

青青堤上隔征尘，折取新枝赠远人。

亦解长条羁不住，要君知是故园春。

读这首诗，眼前仿佛浮现了一身长衫的刘珊折嫩绿的家乡柳枝送友人的画面。其四《汉宫求仙谣》：

五柞深宫夜乞灵，冰函瑶笈费丁宁。

穆王池上西王母，又控青鸾下汉廷。

这首诗是以古代传说为题材，形象地勾勒了周穆王和西王母的一段

72

佳话，体现了刘珊的浪漫情怀，也可以看出刘珊驾驭各种诗的能力。

刘珊留存有《亦政堂诗抄》《亦政堂续集》《委蛇杂俎》《红楼梦小说八韵》等著作。同治《天长县志纂辑志稿》中收录了他的《赠张生洲序》《赠范友竹指画序》《女余姑墓砖铭》《告罗公墓文》《上陈白云先生书》《劝邑人捐赈书》《劝农桑示》《与邑人催科书》《泗州守朱公增修城碑记》《重修铜城镇普济桥更名惠通桥记》等文章。

刘珊喜欢读《红楼梦》，曾在一夕之间作《红楼梦小说八韵》诗二十首，其内容首开《红楼梦》人物鉴赏、评论之先河，可惜只传下来四首。

刘珊一生清贫，他去世后，子女生活流离困窘，《亦政堂续集》是刘珊的儿子刘瀛长大后，整理选出刘珊150首作品，在其友人的帮助下才完成刊印。这是刘珊去世多年后的事情，所以同治《天长县志纂辑志稿》说其诗文"惜兵燹无传焉"，或许这就是一个才子知县清高的气节吧。

一　曾是千秋客

清朝天长举人陆梓林

太平天国建都南京后，为了建立江北根据地，三次攻占天长，分别是咸丰八年（1858）、咸丰九年（1859）、咸丰十一年（1861）。同治《天长县志》专门记载了太平军占领天长后，天长人与他们之间发生的不少殊死搏斗的惨烈场面。同治《天长县志》和《褒忠录》都记载了天长举人陆梓林的事迹，咸丰八年（1858）八月，陆梓林在与太平军抗争中一家多人被杀，很是惨烈。那么，陆梓林是谁，又是如何与太平军抗争的呢？

2019年10月，我和一位文史爱好者带着疑问，来到了天长市新街镇龙北村陆庄，现在居住在那里的人基本都姓陆，不少农户的院内都铺有黑色的条石。据说这些条石原是铺在陆家大院的，陆家大院被太平军烧毁后，陆氏每户都分了点条石，有几户大门口还立有石门当，这里就是举人陆梓林的出生地。经熟人介绍，陆梓林的曾孙陆浩老先生接待了我们，谈起先祖的事情，八十多岁的老先生如数家珍，特别是讲到曾祖陆梓林与太平军打仗的事，老先生很是激动。结合县志的记述，我的脑海中对举人陆梓林有了基本的了解。

陆梓林，字雪琴。明末时，陆梓林的祖上从浙江余姚迁到了天长县西乡龙北镇，也就是现在的天长市新街镇龙北村。其曾祖父陆棠曾任北京守卫营千总，其家谱中记载了陆棠的母亲许太安人九十大寿时，清代著名学者、嘉庆四年（1799）探花王引之，曾亲自题写寿匾。王引之是高邮人，与陆棠同在北京为官，可以看出他们的关系非同一般。

陆梓林的上代一直在做粮食和木材生意，同时也购买了西乡不少土地用于租赁，家境十分殷实，在当地名望很高。到了陆梓林这一辈，主要以读书为主。咸丰元年（1851），陆梓林考中举人，陆书林、陆柏林都成了贡生，但赶上太平军战乱，兄弟几人都停止学业。

封建社会通婚很讲究门当户对，陆梓林的岳父是天长状元戴兰芬。戴兰芬有两个儿子、三个女儿，大女儿嫁给了陆梓林，二女儿嫁给了皖南的汪家，三女儿嫁给了天长贡生许乃弼，许乃弼是现任安徽省作家协会主席许春樵的九世祖。

为了保护好家园和百姓，陆梓林在龙北组建了西乡团练。咸丰八年（1858）八月二十三日，太平军陈玉成部攻克了天长城，作为西乡团练的筹建者，陆梓林带着随从撤出县城，赶回西乡，准备召集部下商量对策。不巧的是，出城不久，遇到了一小股太平军，陆梓林迎面接战，杀死太平军十多人，砍伤数人。此时城中太平军接到消息，出城接应，由于寡不敌众，陆梓林退回到龙北老家。

我之所以写举人陆梓林，不只因他是状元的女婿，还有一个更重要的情怀，是因为他的母亲。

陆梓林退回到家，跪在母亲的面前，哭着向母亲说了他们与太平军厮杀的情况，而且太平军即将杀来。陆梓林的母亲李氏出生于天长张铺镇的诗书之家，深明大义，令儿子要保护好家园。同治《天长县志》是这样记述的："退归向母泣，母勖以必死。复出与众议倡捐募勇为死战计。"

结果是预料之中的。太平军被陆梓林激怒了，率领大批人马杀向龙北镇，团团围住陆家大院，陆梓林带领西乡团练，与太平军拼死搏斗，场面十分壮烈。陆梓林身中数枪，英勇不屈，骂贼而亡。随后，太平军烧毁了陆家房屋，陆梓林的母亲、兄弟、弟媳、侄媳、儿媳等多被杀害。

我市知名历史研究者戴之明老先生抄录了陆梓林为友人撰写的一副挽联，上联：人事又何求，但心坎中时悬一名利欢场，这两念早已把年华抛尽；下联：时势实可虑，能眼睛里不见那兵戎奇祸，虽半生也算得福寿归全。这是陆梓林为他的友人崇家献写的一副挽联。崇家献，字式夫，是天长崇氏第十八世，晚清秀才，弟弟崇家坊和陆梓林都是咸丰元年（1851）中的举人，三人是同学兼好友。从内容看，陆梓林的文学水

一　曾是千秋客

75

平颇高，这副挽联写的时间应该是太平天国运动即将波及天长之际，大体在咸丰七年（1857）初到咸丰八年（1858）八月之间，友人崇家献去世时也就五十岁左右，但太平天国运动造成社会很不太平，所以年岁半百的陆梓林感慨："能眼睛里不见那兵戎奇祸，虽半生也算得福寿归全。"看起来是悼念友人，实质上也是对晚清社会现实的无奈和担心，当然，也表明陆梓林忧国忧民的崇高境界，这也是他要组建西乡团练抗击太平军的原因。

一切历史都是当代史。如何看待和评价太平天国运动，应该要客观和公正，一方面这是一场反帝反封建的进步性运动，另一方面这场运动对社会的破坏性也十分巨大。

"三阿"及"三阿之南"地点小考

在高邮湖西，历史上有三件大事史书做了记载：《史记》中尧的出生地"三阿之南"，东晋时期著名的"三阿之战"，唐朝发生在三阿之一下阿溪的"下阿溪之战"。随着历史的变迁，这些地名都不复存在了，那么它们究竟是在什么地方呢？与天长，甚至与马汉河有什么联系呢？

要弄清楚这些，先要找到三阿，更要确定"三阿之南"，因此"三阿"和"三阿之南"便成了人们的研究对象。《舆地纪胜》记述："高邮有北阿镇，离城九十里，即晋时三阿。"明嘉靖《天长县志》载："东北高邮天长之界有三阿，按《宋书》谢玄破秦句难、彭超之处。"这就说明，东晋明帝太宁元年（323）至成帝咸和九年（334）间，在高邮湖西与天长东北之间，今马汉河一带曾侨置过三阿县。所以，有理由说，马汉河一带确实有过一个"三阿"地名。

《王幼学集览》谓徐敬业屯兵三阿即此地，至今五湖下有平阿湖，在晋为三阿，唐为下阿，三阿在高邮、天长之界去城门乡（天长东北的一个古镇，离马汉河镇不到五里）不远。《太平寰宇记》中记述天长设县时下阿村为县衙所在地。这段记载可以看出，三阿是唐玄宗从高邮割让给天长的一部分地域，以后这里还是天长的县衙所在地。

明隆庆《高邮县志》中有《明代高邮州境图》标有北阿，北阿正南便是天长。但要说清一点，北阿所在的高邮西北的金湖县正是在天长北边，实际上这个北阿从地理上看是和天长的铜城、龙岗、湖滨等地搭界，即是说三阿在今天的金湖县，三阿之南在今天的天长。

清光绪《高邮州志》载："东晋尝侨置幽州于此。太元四年，苻秦将句难、彭超围幽州刺史田洛于三阿，去广陵百里。"这里的三阿就在今天金湖南与天长北搭界的一带。但如果说距扬州（广陵）百里，就不可能在其他地方了，只能在天长境内。因为"金湖说"的塔集（古称"平阿"，又称"三阿"）到扬州近二百里。

还有一种说法是三阿为多阿的意思。《明代高邮州境图》明确标明高邮湖西有北阿、平阿、二阿、下阿。北阿、平阿在今金湖县境内，民国十八年（1929）还有平阿乡，而二阿、下阿在今天长市境内，因此可以看出高邮湖一带以阿命名的村镇众多。古人用"三"是多的意思，"三阿"就不是特指某个地方，况且更重要的是尧并非出生在三阿，而是三阿之南，天长就在这多阿的南面，这一说法最值得认可。

有些史料还直接说"三阿"就是天长。《大清一统志》载：三阿即天长县也。据明正德《戴氏家谱·谱系引》看，当时戴家祖先从浙江迁移到天长凤阳山一带时，其家谱中明确记载："戴氏出浙之上虞，洪武初，远六公从戎渡江，家三阿之南乡。"因此完全可以讲，三阿之南在天长境内。明嘉靖年间兵部尚书、莆田人陈俊写过一首《过天长留别马氏诸亲》的诗："宠承王命事南行，道过三阿谒旧盟。细雨孤灯一夜话，清风明月十年情。"清道光年间的状元戴兰芬在嘉庆十四年（1809）天长大水后写过《泽骨行为金岑斋少府作》一诗："三阿水，清漪漪。三阿城，冢累累。城东水涨苔痕紫，冢中棺破骷髅徙……"这里的三阿指的就是天长，就在马汉河附近。

研究三阿和三阿之南，不能仅凭一家之说，多地区、多方位的研究对于湖西的金湖、天长、高邮的西边乡镇都有文化提升的价值，沿湖县市应当共同开发。

二　横山觅故踪

藏珠泽与玩珠亭

明嘉靖《天长县志》载：东北湖水之滨有藏珠泽。宋嘉祐年间，陂泽有一大珠，天晦时常见，后转入甓社湖，孙莘老（孙觉）夜读书所见，其珠此泽所藏者。

这里所说的"大珠"，在沈括《梦溪笔谈》中记载得十分详细："嘉祐中，扬州有一珠，甚大，天晦多见，初出于天长县陂泽中，后转入甓社湖，又后乃在新开湖中，凡十余年，居民行人常常见之。予友人书斋在湖上，一夜忽见其珠，甚近。初微开其房，光自吻中出，如横一金线，俄顷忽张壳，其大如半席，壳中白光如银，珠大如拳，灿然不可正视，十余里间林木皆有影，如初日所照，远处但见天赤如野火，倏然远去，其行如飞，浮于波中，杳杳如日。"据说，高邮名士孙觉在湖上读书时曾借光夜读，后来考中进士，做了朝中大官。当时的著名诗人黄庭坚还给他的岳父孙觉写过一首诗（《呈外舅孙莘老二首》其二）：

> 甓社湖中有明月，淮南草木借光辉。
>
> 故应剖蚌登王府，不若含沙弄夕霏。

后来人们就把大珠息居的陂泽命名为"藏珠泽"，这是天长的一大景点。有人写有《藏珠泽》一诗：

> 老蚌曾辉碧玉渊，骊龙何事不成眠？
>
> 于今合浦非前日，照乘须教径寸还。

宋朝时，高邮湖是个有很多小镇的湖荡地区，其中有一个叫作樊良的小镇是大珠最多的地方。人们为了观看到大珠，专门在樊良建了一个亭子，命名为"玩珠亭"。后来由于"黄河夺淮"，樊良镇被淹入湖水之中，玩珠亭也随之消失。在历史上，曾有很多人对此珠作过研究和探讨。天长小说家宣鼎在他的小说集《夜雨秋灯录》中说过：戴湘圃（戴兰芬）因为看到高邮湖的大珠，借光夜读考上了状元。

2015年，天长市万寿镇在高邮湖西古镇马汊河重建六角古亭玩珠亭，德高望重的夏锡生老先生亲自题写了天长才女路云飞撰的亭联：

浪激汀溪亭弄影，风吟罾社月玩珠。

玩珠亭的复建新增了高邮湖的风景，也挖掘了湖西的古老文化，为江淮大地，特别是高邮湖沿岸找到了当代与历史的结合点。

"花县"天长

　　阳春三月，春意盎然，遍地鲜花映衬着留下过许多动人故事的江淮大地。"吴头楚尾"的天长就是一个曾被文人墨客美誉为"花县"的地方。

　　历史的变迁让天长有过很多名称，史志上可查到的就有雄州、横山、永福、千秋等，但花县之称，知道的人并不多。

　　明巡抚都御史王高到天长巡察时，曾写过一首很有名的诗《天长道中》：

　　　　匹马向天长，扁舟渡石梁。路通樊店月，人住古城冈。
　　　　花县神明府，秦栏孝子乡。白云看不尽，愁思两茫茫。

　　这首诗前四句，巧用四个动词，写出了诗人风尘仆仆行走于天长道中的情景。其中提到了天长三个地名——石梁、樊公店、古城冈。骑马到天长来的巡抚都御史王高，乘船过了石梁渡口，在明月高悬的晚上，路经樊公店，夜宿在古城冈。诗的颈联写得十分精彩，诗人想到北宋年间天长曾有过断案像神明一样的知县包拯、天长秦栏曾出过二十四孝之一的朱寿昌，遂感慨万千，脱口而出这样两句诗："花县神明府，秦栏孝子乡。"

　　王高这里提到的"花县"就是指天长。

　　历史上天长被称为花县，与一代名臣包拯有关。据孔繁敏编《包拯年谱》记载，北宋天圣五年（1027），二十九岁的包拯中进士后，朝廷先是叫他去建昌做知县，他以父母年迈为由推辞了；做了和州监税后不久，

二　横山觅故踪

83

他又辞官回家奉养双亲；父母双双去世后，北宋景祐四年（1037），三十九岁的包拯在里人的数次劝勉下，才到扬州天长做知县。

天长是一个依水而治的县城，县城的西北隅有一个很高的土丘。包拯到任后，在土丘和土丘的周围都种满了桃树。春天一到，满山桃花映红一片，人们把这高阜叫作红山。明嘉靖《天长县志》载：城区北隅有高阜，日光掩映，赤色灿烂，包公为县，名曰红山，今呼胭脂山。

明成化年间，江西新淦人李鸣盛任天长县学教谕，写了《天长十景》诗，其在《胭脂山》一诗中写道：

县治西山却向东，胭脂烨煜太阳中。

杨妃偃卧临金镜，笑动春风醉脸红。

诗人看到县衙在胭脂山的西边，满山桃红在太阳照耀下，掩映在胭脂山下一片花海里的天长城，像醉酒偃卧的杨贵妃一样，对镜自怜，春色无边。

清嘉庆《备修天长县志稿》中曾记述了这样一个故事：明万历二十年（1592），天长知县是江西宜昌人黎文辉，他到天长就任后，严抓法纪，取予不苟，衙内外肃然。他在《胭脂山》一诗中写道：

城隅突兀近堪寻，日午芙蓉醉满林。

一幅丹丘谁书障？百年包令复登临。

诗中描写了中午时分胭脂山一片红林如醉如画的美景，讴歌了先贤包拯，又表明了自己会像包拯一样清正为官的志向和决心。

明嘉靖年间，天长人崇俭也写过一首《胭脂山》诗：

玉女妆成紫雾横，奈将脂水上山屏。

山前旧种桃千树，尽道花开是赤城。

你看，春天桃花万朵，映红了整个县城，满城如在花海里——难怪人们把天长美誉为"花县"！

胭脂山下就是旧县衙，包拯在这里曾巧断过一个"牛舌案"。《宋史》记载："天长县有盗割人牛舌者，主来诉，拯曰：'第归，杀而鬻之。'寻复有来告私杀牛者，拯曰：'何为割牛舌而又告之？'盗惊服。"

大意是说：有一个盗贼把一户人家的牛舌割掉了，主家报案到官府。包拯叫他把牛杀了到市场上卖掉。割牛舌的盗贼到县衙举报有人私自杀牛。包拯责问他，为什么你割了人家的牛舌又告人家？盗贼惊惧之下心服口服地认了罪。

后人认为包拯断案如神明一般，也就有了王高的"花县神明府"这句诗，表达的是对包拯在天长留下的这一事迹的赞叹。

称天长为花县的，不只是王高一个人。李鸣盛写天长的诗中有一首《二贤庙》：

> 花县峨峨谁建祠？二贤风雅后人师。
> 神明犹道刲牛事，笃孝还怜刺血诗。

这首诗更加明确地写出了天长就是花县，诗中的"二贤"即巧断牛舌案的包拯和辞官寻母的大孝子朱寿昌。

明嘉靖时，还有一位天长籍诗人崇三才写过一首有关天长景胜的诗，诗名叫《观生亭》：

> 濯濯清波入望中，花城迟日引香风。
> 二天好戴春皆与，九里争沾润已同。

这里的花城说的也是天长。

宋、明时期有不少诗歌文章誉天长为花县，但到了清代以后，就很少能读到称天长为花县的诗歌文章了。

掩卷之余，慕古思贤，想想先贤那种充满着诗人情怀的生活方式、

二 横山觅故踪

坚守着孝亲仁爱的处世观念、秉持着严谨肃然的工作态度，便深深感到，这些都是值得当代人尤其是公职人员学习和思考的。当前，天长正在创建全国文明城市，全市已林木葱茏，景致清佳。相信在天长人民的共同努力下，一个真正鸟语花香的天长将展现出新时代的"花县"风采——"又种桃千树，花开满城香!"

2017 年 4 月 6 日

孝行桥记

　　祖龙牧马，秦栏得名。冶山形胜，襟群峰峙其南；淮水流森，带浩溪护于北。西属千秋，东依广陵，钟灵毓秀，人杰地灵。教化开，风气淳。孝亲礼仁，时见汗青。宋司农少卿朱寿昌"弃官寻母"入廿四孝榜，明兵部主事王心"改寺立祠"弘孝乡里，清顺治时叶群"母节子孝"义护孝肃。凡是种种，不一而足。久称孝子之乡，固为江淮名镇也。

　　适逢新政，古邑焕彩。人口聚集，安居乐业。文化多元，孝道尤谐。镇东香河，一流两界；苏皖隔水，民风互接。为促孝行，连为同里，政府筹资建桥，跨域通联；且两地动议，定名"孝行"，以追慕先贤，弘扬孝心。遂恭请夏公文蔚先生题名，是以记。

2014年12月

二　横山觅故踪

马汉河地名考略

　　古人临水而居，当以水名地，先有水名，而后才有地名。马汉河本是一条河，清著名史学家、考据学家张宗泰纂嘉庆《备修天长县志稿》记载："（马汉河）南承洋湖，东北角北流入三荡境，于仙人墩东北流，行二里许横分，一港通东一支；又行里许，经镇东一桥北里许至老坝，又里许东北流者会东一支；西北流者经太平桥里许，于蒲神庙西汇为老鹤套；其自仙人墩东分支东流者于裤子港折而北流，西受一港，合而北流，里许经一桥，又经刘家大庄西北流三里许，受自老坝下东北分流一水会而行，里许入大湖。少东为汀溪湖，又东南为三荡湖。"

　　天长人郁寄沧所作《天长风土志》记载："马汉河在县东三十里，承洋湖之水，入高邮湖，昔通舟楫。"由此可知，这条河还比较繁忙，舟楫通行。但这条河因1968年挑高邮湖大堤已不复存在，隐入了烟波浩渺的湖水之中。

　　马汉河镇因马汉河而得名，天长史志中最早记载马汉河镇的是嘉庆《备修天长县志稿》："汀溪、三荡同镇。东为三荡，西为汀溪（也称丁溪），总名马汉河。"汀为水边的一块地，而汀溪镇这个名字最早出现是在元朝。天长没有元朝时的县志，但在扬州护国寺所立的碑文中，明确写到所购田地包括天长汀溪镇的，年租金收入白银十五两。在很早的时候，天长境内的湖，就有汀溪湖，明嘉靖《天长县志》载东北三十里有汀溪湖，到清同治《天长县志》已称为老湖，至今当地人仍叫老湖。

　　史志记载的有关马汉河镇的内容不是很多，在天长现存旧志书中，集中在嘉庆《备修天长县志稿》和同治《天长县志》中。需要说明的是，天长自唐割江都、六合、盱眙三县地置千秋县以来，唐至元时期已无县志记载，且天长边境地域与周边的高邮、盱眙、六合多有交割管理，地名可以举证引用也不为过事。

马汉河镇的明显标识当属仙人墩。嘉靖《天长县志》载洋湖西有仙人墩，而嘉庆《备修天长县志稿》载（马汉河）镇南三里许有仙人墩。也就是说，二志这里所言的马汉河是在洋湖与高邮湖之间的一块地方。

但如果把马汉河镇的标识再往前追溯，这里既不叫马汉河，也不叫汀溪，而是叫二阿，河流是下阿溪。找到隆庆《高邮县志》中的《明代高邮州境图》，按坐标位置看，这里明确标明二阿与下阿溪，下阿溪流过二阿，也就是现在的马汉河。这充分证实了一点：下河溪、二阿与马汉河都是分不开的，这与研究三阿之南互为佐证，对研究东晋三阿之战、唐下阿溪之战十分重要。

还有一点不得不说，《梦溪笔谈》中写到的高邮湖西天长陂泽，应该就是指马汉河附近的深水潭。嘉靖《天长县志》载：东北三十里有藏珠泽。这就是现在马汉河的位置，最起码在这附近，因为仙人墩也在东北三十里，而仙人墩在马汉河南三里许，这一点对于研究《梦溪笔谈》中那只大如匾的蚌十分重要。

同治《天长县志》记载这里的建制还是马汉河镇，到了1941年左右改为丁溪乡，为水南办事处所在地，1948年改为小溪乡，直至1956年合并到丁长窦，改名为万寿乡，期间几度撤并，现归万寿镇管辖。马汉河古镇旧址现在是万寿镇汉河村的两个村民组：一个叫北胜，一个叫汉河。

历史需要直接的记忆，这里写下有关马汉河地名沿革的这篇文字，希望对后人研究天长的历史有所帮助。

仙人墩

高邮湖的西岸是天长，外地人知道的并不多，我带外地朋友到天长，看大海一样的高邮湖，他们都很诧异：高邮湖不是在江苏高邮吗？连着高邮湖的洋湖，恐怕天长人知道的也不多。这可能是因为我们并不知道如何宣传身边的这些自然风光，缺少一些醒目的标识。

洋湖中曾有个著名景点——仙人墩，知道的人更是寥寥无几。明嘉靖《天长县志》载：仙人墩，洋湖西，烽火墩，宋元用兵所筑也。《仙释志》载：仙人墩，旧传古寺基，僧徒众多，后经兵燹而废，一僧服丹仙去，故名。仙人墩旁有两条水道，一条向北而去到高邮湖，一条向南而去到洋湖上游的小河口与王桥的两座古镇（现已不复存在）。沿水而设的湖西几个小镇，人口云集，而又独有此墩立于湖中。

仙人墩上两棵高耸入云的银杏树，彰显着它久远的历史；而水乡四时变幻的自然景致引来不少游人；加上又有僧人在此跨鹤升仙的传说，更赋予了仙人墩许多神秘色彩。明清两朝，仙人墩引得不少文人墨客心驰神往。明正德年间，时任兵部侍郎的著名文学家、诗人陈洪谟（湖南常德人），专程来到天长看过洋湖中的仙人墩。他是来淮安检查工作的，一听说江淮之间有僧人升仙之处，心想何不往之，便带上两个随从骑马而来。到仙人墩时已是傍晚，登墩揽湖，或许是向往，或许是感慨，陈大人吟诗一首挥鞭而去：

> 昔人骑鹤已归天，此日荒墩尚宛然。
>
> 我欲登高赋招隐，夕阳西下促归鞭。

90

这首《晚过仙人墩》，我是在朋友寄给我的嘉庆《备修天长县志稿》中介绍仙人墩时看到的。

很有意思的是，明嘉靖十三年（1534）正月七日（古称人日）的凌晨，一叶扁舟行在江淮水乡的柳溪，他要去的目的地正是洋湖中的仙人墩。船主也是一位明朝兵部官员，不过他是天长秦栏人，名叫王心，嘉靖七年（1528）举人，编辑了嘉靖《天长县志》。大概工作之余读了前任的诗稿，一看还有写自己家乡风景的，回乡省亲之际便专程游览。风寒月晓，一叶扁舟行在洋湖之中，微波轻动，眼前一湖明月一湖天，十里洋湖，独有一墩之上云雾缭绕，站在船头的王大人心潮澎湃，遂吟诗一首：

> 洋湖十里仙人墩，半夜同舟往问津。
>
> 不见仙人聊独醉，一湖明月一墩云。

吟完诗，他健步登上仙人墩，只见天上雁影横行，若隐若现，如临仙境。王心打开随身的酒壶，饮酒开怀，兴致大发，随口又吟诗一首：

> 湖月泠泠湖水平，柳溪撑出一舟轻。
>
> 仙人墩上三杯酒，云露沾衣雁影横。

这首《甲午正月七日夜游仙人墩》，在嘉靖《天长县志》里有专门记载。

家乡诗人郑逸青读到王心诗后，1977年游仙人墩时颇多感慨，并步王心韵，以诗记之：

> 月洒江天映水平，波光点点晚风轻。
>
> 仙墩遥望湖南岸，灯影参差夜景横。
>
> 荒唐留得古仙墩，仙去墩空谁问津。
>
> 惟有今人多气概，移山填海志凌云。

二　横山觅故踪

在那样静谧的月光下，寒冷的湖水泛着清辉，点点粼光敲击着诗人的心房，点亮着心中的希望。在诗人的眼中，仙人墩或许是生命的驿站，或许是心灵逃遁的道场，或许更多的是人们所追寻着的世外桃源吧。

我对仙人墩情有独钟，不只是因为它的传说，还因为那儿是我的故土。我的家乡古镇马汉河在高邮湖与洋湖之间，可谓"两湖映福地，一线通长天"。记忆中的仙人墩是小镇东面洋湖边的一处高地，每年汛期湖水涨起来，唯独此处从不没入水下。在儿时的记忆中，我对这块神秘的土地充满好奇。印象很深的是，没碗勺吃饭时，我们就常常到仙人墩上找，在堆积的与周边不一样的泥土中，每次去还真能找到。20世纪70年代，马汉河人围湖造田，仙人墩也被围于其中，不再在水中。80年代，挖墩固圩后，仙人墩不复存在。

它的神秘、它的色彩留在了我们的记忆中，留在了历史长河里。

生命缘于分，而生活逢于缘。难得也是在今年农历正月七日的清晨，思古追贤，我站在洋湖岸堤上，却寻找不到先贤笔下的美景。在沧海桑田的世事变迁中，仙人墩已化作平地，而那块土地的颜色却依旧和其他地方的颜色不同，给人一种独有的、不一般的感觉。如若诗人（指王心）尚在，或许他比我更想知道，墩在何处、墩下何物、墩上何人吧……清冷的云雾之中隔着五百年的时空，我仿佛看见诗人站在船头，离开仙人墩时那一瞬间的感慨和惆怅。

想想诗人一叶扁舟纵情的山水，会在这个时代消失，我们也会油然而生感慨的。历史总有消失，但那样的心境，那样的生活，已成为一种奢侈。当汽车、动车、飞机快速前进时，除了急躁、焦躁，人们也在不安中寻找着安逸。这种安逸是一种渴望，是一种精神与追求，更是一种不可磨灭的文化。

所有存在的价值都在于思考。

我在思考，深邃地思考——属于我心中的仙人墩在哪里？

外婆桥

　　高邮湖西岸的古村落汉河村，无疑是一个清幽之地，一条古街横卧于两湖之间，独特的构思，凸显着人与自然的天人合一。2015年，作为美丽乡村建设点，街西头建了一座亭子，修了一座桥。亭叫玩珠亭，桥名外婆桥，一个依在水边，一个卧在水上。坐在亭上看桥，桥似美丽的少女静依水渚；站在桥上看亭，亭似英俊的少男伫立水边。它们相依相恋，成为古村一道靓丽的风景。

　　有一次，记者采访村党支部书记，问那座桥为什么叫外婆桥，被采访者一时语塞。不少熟悉的人到汉河村旅游后，也打电话问过我这个问题，我只说了一个事实，就是从我记事起，它就叫外婆桥。还有人曾问我："是不是因为你外婆家住在桥那边，便起了外婆桥这个名字？"我笑笑——这倒让我本无此意的心里多了些暖意和温情——便回答："就算是吧，总比没有名字好，总比没有情愫的名字好。"

　　汉河村是安徽省传统村落。宋朝时这里叫汀溪镇，明清时期叫马汉河镇。镇上的老街是天长东北乡现存不多的明清古砖街之一。它东临高邮湖，西枕洋湖，东高西低，可谓"两湖映福地，一线通长天"。20世纪60年代，小街呈S形走向，有三里多长，如青龙卧岗，头尾着水，很有气势，是故乡先人的杰作。街西头是一个天然港湾，曾商贾云集，"日停千条船，夜亮万盏灯"；港湾西边的河上架着一座木桥。因为汉河村三面环水，这座桥便成了走进老街的唯一陆路，也是汉河人与外地联系的情怀标识。

　　这是最早的外婆桥。

　　本地有个传说：天长状元戴兰芬来过马汉河，他曾走过这座木桥到外婆家，人们便把这座木桥称作外婆桥。我与戴状元的后代戴之明老先生说起这事，老先生一口否定，并明确告诉我，戴兰芬母亲是高邮人，不会走到这里。

但马汉河朱家与龙岗戴家确实有联姻。盐商朱达官曾在龙岗购有表兄戴家的房子三进，一直到解放后才搬回马汉河居住。戴兰芬来没来过马汉河已无从考证。但是我想，龙岗与马汉河同是湖西的小镇，也不排除他曾来过马汉河；当然，也可能是马汉河人羡慕状元的名望，以与状元有关系为荣吧，外婆桥便成了故事的由头。

2012年，我去北京探望九十多岁的汉河籍老干部赵抱愚先生。谈到街西老木桥时，他深情地对我说："我的姑母嫁到季桥，每次摇着船带几个孩子回家，远远看到这座桥，都要上去走一走，这座桥是表兄弟的外婆桥。"

赵抱愚先生的姑母是已逝的南通原市委书记纪元的母亲。纪元兄弟小时候大部分时间是随母亲在马汉河生活的，与表弟赵抱愚有着很深的感情。他们一起学习，一起畅谈理想。纪元参加革命后，又发展赵抱愚、赵宝林姊妹入党，他们就是踏过这座小桥走上革命道路的。

回首往事，赵老意味深长地说："西头的外婆桥是我们姊妹的革命桥。"纪元还曾写过一首《外婆桥》小诗："故土酰雨后，一别小桥头。烽火蹒跚路，悠悠明月愁。"这样的外婆桥，能不让人浮想联翩吗？

文化名人涂福熙先生在说到这一段往事时曾动情地说："我的表兄弟纪元、纪念小时候大部分时间是在马汉河外婆家生活和学习的，走上革命之路也是从外婆家出发的。当时的中共水南办事处就在马汉河，水乡马汉河的这座小桥是外婆桥，也是红色之桥。马汉河赵氏姊妹四人，三人走上革命道路；纪元、纪念一家北撤时，全家举迁走上了革命道路。更颇有缘分的是，纪念后来又与马汉河人朱氏结为连理。"

美丽乡村建设期间，时任镇领导请我为新建的桥、亭、门、坊、祠起个名字。说实话，我也确有私心：我的外婆家就在外婆桥西一百米处，小时候我和外婆一起生活。童年记忆中，外婆拄着拐杖，拎着马灯；我常跟在外婆后面，走过那座小桥到外婆家吃饭过宿，听外婆讲故事。每次过小桥时，狭窄的桥面、晃晃悠悠的桥身总让人担心，我生怕年迈的外婆和年幼的我会掉下水去。那时我就想，有一天，要是造一座宽一点的桥该多好啊！如今，梦想成真了，又让我起桥的名字，我能不叫它外婆桥吗？

外婆是每个人生命中的根。外婆去世十年后，我写过一首诗《外婆的江城子》怀念她老人家，诗中我特别刻画了外婆桥上依依惜别的场景。外婆一直生活在每个人的梦里、诗里。

现在，每次回乡，看到外婆桥，我便感到曾经散乱无边的乡愁有了一个稳稳的落脚处。真的要感谢那位懂得文化的镇领导！其实，人与人的心灵之间，也需要一座桥——愿这篇小文章也是一座桥，构架起每个人对亲人，特别是对外婆的思念和爱戴。

二　横山觅故踪

崇本门

唐宋时期，天长一直被称为望县。吴头楚尾，面江背湖，独特的地理环境，悠久的历史，让天长像一颗璀璨的明珠镶嵌在江淮大地上。今天，当城市化进程迅猛加快之际，凸显天长悠久文化的，更多的是它的历史遗存，这其中，就有老西门的遗址上刚刚复建的崇本门。新建的崇本门底层为旧城门遗址，中间为门道，城墙上建有观光楼。

天长老西门，内通西门老街，外接红草湖（旧称万岁湖）和白塔河，承载了天长人太多的情感记忆。2017年护城河清淤时，施工人员发现了西门的城门墙根。城门洞的条石、墙根的砖块都保留得比较完整——这是一座建于哪个朝代的城？为什么西门叫崇本门呢？

嘉靖《天长县志》载，天长旧有城，自南北朝开始，北齐时的泾州城就是在今天的石梁镇河南边的古城址；到了唐朝改设千秋县，据《太平寰宇记》记述，县衙设在下阿村，即现在小关、马汉河一带。现在，高邮湖枯水之际，还可发现旧城砖，或许就是当时的城墙砖。从现有的史志看，自北宋以后，县衙已不在下阿村，而是在现在的胭脂山山脚下，"圈长六里有奇"的土城为县衙所在地。自此一直到明嘉靖年间，一件重大事件的发生，改变了天长城的历史。

嘉靖三十六年（1557）五月初十的早晨，浓雾之下，一群倭寇正由扬州朝天长方向奔来。天长土城内，刚刚上任的知县黄泰然和训导范继贤正组织衙役和民团守卫着土城的东门，面对倭寇这突如其来的侵扰，举人出身的黄知县心中没底。紧张守备之时，忽听得东门外崇家岗杀声四起，一支明军从天而降，把倭寇杀得四处躲藏。黄知县也率领民众冲出土城，与明军一起追剿倭寇。厮杀声逐渐退去，倭寇落荒而逃。原来是一支镇守仪征的明军奉命追剿而来，但不幸的是，这支明军的将领沃田将军在战斗中因身陷沼泽而遇害。

倭寇入侵，将军阵亡，这是天长明史上发生的一件大事。事情发生后，黄知县惊恐之余向朝廷上奏天长的抗倭情况，提出为牺牲的沃田将军立祠，同时对县衙所在地土城的军事防御拿出了自己的宏图——请求上级帮忙建一座砖城。

天长自明洪武七年（1374）隶属开国皇帝朱元璋家乡凤阳府，一直以帝乡著称，帝乡受到了倭寇进袭，必然引起上级的关注。收到黄知县的报告，凤阳府同知卢镒亲自到天长研究城防建设，决定筹资建一座砖城。经过半年多的准备，风水先生选择好良辰吉日，嘉靖三十七年（1558）正月十九日动工，抽调千名民工，运来江西、湖北等地的砖块，按卢同知设计的曲尺形城池图施工，知县黄泰然每天早起晚睡，监工于工地。天也作美，施工期间雨水很少，经过六十多天的官民同建，农历三月二十一日，江淮大地上屹立起一座崭新的砖砌的城池。

到了嘉靖四十五年（1566），新任天长知县杨子龙视察城郭，发现城外月城虽有城基，却未建成，感叹道："一城之守，系于月城，月城不建，是有城而无城也。"于是，杨知县筹资建好东西月城，形成一座完整的天长城，可谓楼阁巍奂，雉堞森严。

四百多年前的这座天长城，三面环水，一面朝山，东西长约两点五公里，南北长一点五公里，面积三平方公里左右，城池不是很规整，东、西门有月城，也叫瓮城。嘉庆《备修天长县志稿》载：城由东至北、由西至南皆内折为曲尺形，不正方，门四：东曰启文，西曰崇本，南曰长春，北曰永福。

这段文字清楚地记述了天长城的形状及四个门的名字。特别是城门的名字，让我们不得不敬佩先人的文采。不少人都有疑惑，为什么东曰启文、西曰崇本、南曰长春、北曰永福？明朝人戚杰在他的《新建月城记》中写道："月城之东，名其门曰'启文'，以近学宫之左，文运当自此而兴也；月城之西，名其门曰'崇本'，以凤、盱祖宗重地，根本之所自来也。"至于南曰长春，是因为其向朝南；北曰永福，是因为天长过去

97

二　横山觅故踪

以永福为县名，同时此名又有祝福之意。

　　明朝天长人崇大谦曾写过一首诗《春日登北城楼》："老伴春来竟日闲，危楼携杖共登攀。南迎山色浮云外，北眺湖光落照间。叠叠莺花新眼界，重重楼榭接尘圜。凭栏四顾增豪兴，欲摘星辰待月还。"从当时的环境来看，登上城楼一览天长的自然风光，南面有冶山、二横山，北面有感荡湖，山水之间的美丽天长，能不激发诗人的灵感吗？

　　时间对什么都有它的杀伤力。嘉庆七年（1802），沿水而建的天长城四周不少地方已经倒塌。解放后，又由于建设的需要，加之人口猛增，不少城砖被公用或被百姓拿回家建房，四周城门也全部撤除。到20世纪60年代初，那座"南迎山色浮云外，北眺湖光落照间"的天长城不见了踪迹，时间大约四百年。

　　欣逢盛世！如今，天长城老西门的遗址，又重新跃入眼帘。那座彰显天长人勤劳智慧和文化积淀的四百多年前的城池，从历史的画卷中向现实走来，市委市政府决定重建崇本门，以展示古城的历史荣光。

　　今之崇本门高大威严，十分庄重，仿古的城墙和楼阁耸立在水边，门头上"崇本门"三个蔚蓝色行书大字格外耀眼。如果说过去老西门因为面朝帝乡而谓之"崇本"，那么今天之"崇本"则是不忘初心，以人民为本！这也正是天长市委市政府决定重建崇本门的原因之一。

天长包公祠

宋景祐四年（1037），三十九岁的包拯就任天长知县时，曾奋笔写下了明志诗《书端州郡斋壁》："清心为治本，直道是身谋。秀干终成栋，精钢不作钩。仓充鼠雀喜，草尽狐兔愁。史册有遗训，毋贻来者羞。"诗中表达了他光明磊落的胸怀和刚直不阿的性格，直抒其为官心要清、为人道要直的心声，这也是他立身处世的座右铭。千百年来，包公以清正廉洁、执法严明、公正断案、勤政为民的为官品格而闻名于世，深受历代人们的崇敬。

他的家乡合肥和他为官过的广东肇庆、河南开封都有纪念他的祠堂。天长作为包拯最早就任知县的地方（1037—1039），历史上有过纪念包公的祠堂吗？有的话，建在哪里呢？

我在康熙《天长县志》中找到了答案，明代，天长建过包公祠，而且有两座。一座是嘉靖十七年（1538），知县张寅改东门市的东林寺为包公祠；到了嘉靖三十九年（1560），知县张世良另建名宦乡贤祠，改原包公祠为马神庙。崇祯五年（1632），知县罗万象又在今秦栏东边的小店复建了包公祠，当时小店属于天长，现在属于仪征。

改东林寺为包公祠的知县张寅，曾写过一篇《包孝肃公祠堂记》，有一段他这样写道：

> 包孝肃公，天长名宦也。公讳拯，字希仁，庐州合肥人，中天圣进士第，授大理寺评事，辞官归养。亲终，就仕天长令，析狱神异，于今传颂不衰。继而迁侍御，官待制，历转运，尹开封，擢枢副。其德性刚严，言论峻直，风采端凝，政体敦厚，所以禅宸冕之

阙，恤黎庶之害，杜关节之私，摧豪权之气，禁吏民之欺，谨色笑之节者，纪在史册，难以殚述，一时朝野肃然敬畏……寅乃营东门外废佛寺为公祠。

这里张寅盛赞包拯在天长做知县时断案如神，辗转各地为官，刚正不阿，关爱百姓，让人敬畏。数百年后，知县张寅把天长东门外废旧的寺庙改为祠堂来纪念包拯。这是天长的包公祠。

包拯在天长做知县时留下过"巧断牛舌案"的故事。故事说有个农民的牛舌被人割掉了。这农民就击鼓告状到包拯那，包拯听了来龙去脉以后，叫那农民把牛杀掉，上集市去卖肉。按北宋时期的法律，私自屠宰耕牛是犯法的行为。就在那农民杀牛的两天以后，天长县衙门外又有人击鼓，状告有人私自宰杀耕牛。包拯亲自问案，听完了那人的诉说后，厉声喝道："为什么割了人家的牛舌，还来告人家私宰耕牛？"那人一听，立马老老实实地供认了割人牛舌的罪行。这是包拯在天长县唯一有文字可考的政绩。而这个故事的发生地，据说就在秦栏的小店，这也是知县罗万象在小店建包公祠的原因。

清嘉庆《备修天长县志稿》记述："（秦栏）包公祠，一在小店，一在镇西街……崇祯五年，知县罗万象申文请公入祀名宦祠，复创祠于小店。本朝康熙三十四年，贡生叶英因小店之祠湫隘，倡议买民房于镇之西街为祠，又买田三石，坐落林公塘以供香火，知县佟世集勒石记焉。"

由此可知，秦栏包公祠曾几易其地。先是明崇祯五年（1632），罗万象在小店建包公祠；到了清康熙三十四年（1695），秦栏贡生叶英因小店的包公祠低洼潮湿，倡议在秦栏镇街西买民房重建包公祠，并购置林公塘一带三石田以供香火。

后来，秦栏包公祠被破坏。包公塑像是香木做的，烧了一天一夜，香气传得很远。祠堂的两进房子后来一直是街道农具社的车间。现在的秦栏老街西头、包公祠的旧址上还有一排旧房子。只不过，不知情的人都说是农具社的房子；上了年纪的人才知道，那早已面目全非的旧房子，就是当年的包公祠。

100

2016年5月，我和友人在秦栏寻找陆氏孝节坊，与走访的一位老人聊天时，老先生告诉我，他收藏了秦栏包公祠的白玉石牌匾，还亲自带我去看了一下。只见一块白玉石上，正楷书写的"包公祠"三个字，雄浑有力，落款为胡德馨——屈指算来，这块残余的牌匾已有三百多年，能保存下来，也算是天长文化的一件幸事。

笔至此时，特别想说一下秦栏包公祠的倡建者叶英。清嘉庆《备修天长县志稿》中有专门记述："叶英，字云石。康熙三十一年岁贡。生周岁，父亡，母张氏甘贫守节……曾旌表'母节子孝'。为人口讷多智，尤乐为义举。"从小死了父亲的叶英，孤儿寡母，饱经沧桑；他通过读书，考取贡生；因他的义举，朝廷给予他举人的待遇，赐以官职。

见贤思齐，天长的包公祠虽然消失了，包拯刚直不阿的精神却一直被世人传颂。天长人民也没有忘记曾为天长人勤勉治政的包青天。现在，护国寺的二贤堂，就是纪念包拯和朱孝子的。而天长本地乡贤叶英，无论是孝行还是义举，都值得生活在孝子之乡的我们每一个人敬仰，更值得今天的我们去思考、去感悟、去行动！

万岁湖

　　大自然地理形胜，两山之间必有一条河流；反之，两河流之间也一定有山。

　　天长南临长江，北枕淮河，境内有横山、冶山、釜山等，丘陵起伏、湖泊交叉，二十四节气明显。水自西而东，河流纵贯，又依势汇集，在天长东、西各成一湖，东为感荡湖，西则为万岁湖。

　　嘉庆《备修天长县志稿》载："自七里桥北及石婆冲东北至此，内皆草湖，当即旧志所谓万岁湖也。旧志：万岁湖，西五里。"《太平寰宇记·天长军》载："在城西二里，方圆三十里。"今城西无地以当之，惟《大明一统志》载万岁湖在"盱眙县西二里"，方圆与《太平寰宇记》同，云"昔周世宗驻跸于此，民皆呼万岁，因名"。疑此湖本在盱眙，《太平寰宇记》误收，而旧志仍之不考，遂袭其名，而不知大小不符也。

　　尽管史料对万岁湖这一地名有疑虑，但明嘉靖、清康熙等天长县志都言此湖在天长境内城西不远处。

　　嘉庆《备修天长县志稿》中所说的"草湖"或"万岁湖"的位置，就是今天红草湖的位置。红草湖曾经叫作万岁湖，只是已经很少有人知道了。关于万岁湖名字的来由，根据以上史志及其他资料，主要有两种说法。

　　一种说法是，此地地势低洼，气温适宜，水草肥美，历史上曾做过养马场，人称草湖。相传当年秦始皇在这里牧马，始皇帝到没到过天长，也无从考证。明成化年间，江西新淦人李鸣盛任天长县学教谕，写了《天长十景》诗，其中有一首诗《万岁湖》：

湖上三呼祝祖龙，湖存龙去几春冬。

自从天命坑焚尽，万岁声归火德翁。

诗中的祖龙就是指秦始皇，"万岁声归火德翁"指的是秦灭亡，刘邦做了皇帝。可以知道这个故事起码明朝时还在传说。

还有一种说法是，周世宗显德三年（956），柴荣率领二十万大军御驾亲征南唐，抵清流关智取滁州后，又向东推进；天长制置使耿谦投降周，周世宗人马就驻扎在城西草湖一带。

秦始皇牧马处也罢，周世宗驻跸处也罢，这些确实让天长这方土地沾上了皇气，后人把这片草湖湿地取名万岁湖。

唐玄宗李隆基为庆祝自己的生日千秋节，割江都、六合、高邮三县地置千秋县，后改为天长县。县设下阿村，何时何朝把县衙搬迁到现在的位置，因史料缺乏已无从考证。北宋时，天长还隶属扬州。洪武年间，天长已划归凤阳府。但天长居住人口较少，洪武二十四年（1391）仅一千九百一十八户，六千三百一十六人。天长境内良田较少，多为灌木，万岁湖边也草木丛生。

明嘉靖《天长县志》记载了这样一个故事：一位戴姓人家的妇女杨氏到万岁湖边放牛，突然，一只虎冲出来直奔割草的戴氏。万分紧急之时，一旁吃草的牛勇猛地冲向虎与之搏斗，最终赶走虎救下了主人。故事传到皇帝朱元璋那里，皇帝一高兴，亲写《牛搏虎记》，并御赐碑一块。

这块碑，原"在西门外、东岳庙之东，本府同知钱楩、知县王斛立"（嘉靖《天长县志》），清朝末年还立在西门的静因寺。《牛搏虎记》中有这样一段话："今戴氏之牛威猛如狮，志意同忠，岂不仁兽者耶？于戏！兽之报主也，舍身捍患；人之于世，如者不如者何哉！于是别赐戴氏之牛，以代仁兽而自终，岂不人报兽之宜乎？"

一个叫李如石的官员读了这篇记后评价道：圣祖褒而扬之，激劝宏矣。鸣呼！为人臣子而不如此牛，岂非负惭七尺欤——不知道明朝时天长是否有虎，但这个故事告诉我们，牛对主人尚且如此忠诚，何况是人对于国家和君主呢？

史载的万岁湖，现在的红草湖，20世纪六七十年代长满的红草，给百姓带来了不少实惠，也留下许多新奇有趣、充满本地风情的故事。20世纪80年代，天长小说家钱玉亮先生捕捉到这些乡土文化元素，创作出了著名的小说《红草湖的秋天》。红草湖一时又名声大振，而万岁湖则尘封在历史那逐渐泛黄的纸页中了。

如今的红草湖在全市人民的共同努力下，已被打造成红草湖湿地公园，蜚声皖东，成为一座造福广大市民的绝佳景区。每天晨昏，来来往往散步健身的市民徜徉其间，颇有滁州太守欧阳修笔下的那种"负者歌于途，行者休于树，前者呼，后者应，伛偻提携，往来而不绝者"的游人之乐也！一个不一样的万岁湖——人民的万岁湖，正展示在我们的眼前。

重修牌坊碑记

　　吾邑天长乃孝子之乡也。高邮湖之西古镇马汊河，清嘉庆旧志载马汊河镇为汀溪和三荡之合称，天然港湾，商贾云集，人文兴盛，民风淳朴，结茅安禅，是传龙诞之地。乾隆三十九年（1774），古镇马克明之女嫁贡生夏玉为妻，四十一年玉故，马氏年方二十。家既贫又无叔伯兄弟，时马氏之孀姑年五十七，子刚八月，有邻劝马氏他嫁，其剪发毁容，闭门养姑抚子，步履不苟至老不懈。乡邻感其孝节，上表朝廷，嘉庆二十四年（1819）传旨立坊旌表，坊上有"圣旨"牌，又有"里仁为美"四字，出自《论语·里仁篇》。道光年间，又有朱氏，家中独女，其父乃朝廷贡生，父亡，女誓志行孝于母，终身未嫁，感天动地！族人上奏立石坊以颂，并撰联：节凛冰霜志坚金石，光争日月寿并山河。甚叹！二孝节之坊，皆毁于乱世，唯存残迹，喜乡邻庇护，圣旨牌及坊记犹在。恰逢新政，政通人和，百姓安居乐业，余心动此孝，解囊筹资，请乡人刘家山收罗旧残，乙酉年冬山东嘉祥匠人刘姓施工，将二坊合一，重建于古镇街西，以昭后人。

　　百善孝为先。先贤以碑、匾、坊、堂等记诵贤德，千载万代，我等后辈何不效之，重修以示志！人生若白驹过隙，活在当下，唯精唯神，与上辈则孝，与兄长则悌，与老人则慈，与乳幼则爱，与强者则正，与弱者则仁，与同事则谦，凡事种种不亦和谐？人人都须孝，吾言君莫笑。君若孝先人，后生敬汝孝。汝若不行孝，天下人耻笑。劝君早行孝，好行有好报。

二　横山觅故踪

2006年谷月

三　书香流翰墨

《扬州画舫录》中的天长人林道源

居于皖东、环于苏中的天长，文化上多受扬州、南京的影响，人文荟萃。文籍所载，有嫁给扬州才子江昱的天长才女陈珮，有与诗人袁枚唱和的天长文人陈以刚，有埋葬于天长的高邮经学研究大家王安国、王念孙、王引之祖孙三代，等等。

清乾嘉时期，扬州盐商的发展对带动天长经济文化的发展有着巨大的作用。遗憾的是，我们天长虽邻近扬州，却缺少对这一段历史的探究和挖掘。乾隆年间，仪征人李斗的笔记集《扬州画舫录》是一部具有历史价值的文献。李斗耳闻目睹，"考索于志乘碑版，咨询于故老通人，采访于舟人市贾"，以丰富的信息记述了乾隆盛世期间的东南大都会扬州。其园亭奇观、风土人情，使人有见闻亲切之感。成书二百多年来，一直为广大读者所关注。

从文化角度看，大家熟知的扬州八怪，桐城派代表人物姚鼐，乾嘉学派代表人物戴震，全椒诗人、小说家吴敬梓和吴烺父子，金兆燕一家四代等，在书中都有记述。李斗虽自幼失学，疏于经史，但才情隽茂，诗文并擅，精于音律戏曲，兼具人文气质。所以，与之往来的多是当时的文化翘楚，如袁枚、阮元、焦循、金兆燕、黄景仁等，这其中也有一位天长文人的踪迹，颇值得我们去细细追寻。

他就是林道源，天长著名诗人、画家、书法家、经学研究者。

乾隆初，林道源出生在秦栏镇，其母亲与扬州大盐商江春是表兄妹。林道源十一二岁的时候，外公就把他送到江春家去读私塾。江春的住宅"是园"在扬州虹桥东边。林道源在这里一读就是十年，且练就了一身骑射技艺，擅书法与绘画，特别是兰花画得相当了得；他的诗歌也写得很好，经常与人唱和；他还拜在当时扬州城很有名的史学泰斗蒋心畬门下，认真研究史学与经学。

这些信息，在《扬州画舫录》《清画家诗史》等书中都有记载。《清画家诗史》中记有三千多位清代画家和诗人，天长人只有两位，一位是大家十分熟知的宣鼎，一位就是林道源。

> 林道源，字仲深，号庚泉，安徽天长县人。方伯之表甥。性豪迈，善骑射。能花卉，尤善画兰。少游蒋心畬太史门，尝佐阮文达幕游浙中。居是园十年。

上文中的方伯就是林道源的表舅、大盐商江春，而阮文达就是我们不得不说到的，乾嘉时期被誉为扬州学派泰斗的大政治家、经学大师阮元。林道源到浙江做阮元的幕僚，还得从他们的关系说起。

阮元是仪征陈集人，历乾隆、嘉庆、道光三朝，为"三朝阁老，九省疆臣"，在经史、小学、天算、舆地、金石、校勘等方面都有极高的造诣。阮元的母亲是仪征陈集林氏、林道源的姑妈，所以阮元是林道源的表弟。这支林姓祖籍福建莆田，明朝时因躲避倭寇之乱，迁至天长铜城，后又迁到仪征陈集和天长秦栏。

治学方面，林道源一直追随阮元在浙中。阮元与林道源的文化交流很多，《清画家诗史》中有一首《阮云台表弟索近作报以诗》，就是林道源写给阮元的：

> 自笑龙钟懒作诗，妻孥怜我剩支离。
> 何期舟楫盐梅客，翻索风云月露词。
> 龙藏固应收马勃，鸡皮终怯画蛾眉。
> 嗜痂逐臭从心好，莫在茶甘饭软时。

从诗中可以看出，年老时的林道源十分消瘦，他回忆年轻时在扬州做盐梅客时的才情诗意，又不得不屈服于时光飞逝，但仍表达出自己虽

110

然老来疏懒却坚守为人品质的决心。

　　林道源与阮元的兄弟感情十分真挚，相互和诗也较多。《扬州画舫录》卷九《小秦淮录》记载：有一个叫苏高三的妓女，住在扬州二敌台下的两层楼上，客厅的门上有一副对联："愧他巾帼男司马，饷我盘餐女孟尝。"一次林道源与朋友在扬州净香园比赛射箭，苏高三在旁观久，揎袖上前请射，三发而三中。林道源因此作诗记之，一时数百人和诗。他表弟阮元也和诗一首：

> 走上花裀卷翠裘，亭亭风力欲横秋。
>
> 眉山影里开新月，唱射声中失彩球。
>
> 好是连枝操作箭，拟将比翼画为侯。
>
> 何当细马春愁重，银镫双双着凤头。

　　这个故事在《清稗类钞》中也有记载。

　　阮元一直想将林道源写的诗歌文章编录成集，但由于公务繁忙，加之林道源去世较早，未能成功。《扬州画舫录》记载："林道源工诗，不存稿；阮侍郎伯元尝欲裒辑之，未全也。"

　　阮元与林道源真挚的感情通过经学家焦循写的《林庚泉归天长索余诗为母寿》的诗中也能看出来。诗的全文是这样的：

> 恭人姓熊氏，累世簪与缨。曾祖澹冈公，尚书班六卿。王父官翰林，宇内驰其声。中丞为之父，观察为之兄。嫁为林氏妇，夫子司北城。御史互相劾，吏议当质成。阿姑年既老，闻变岂不惊。旦夕病危急，医药须经营。囊无一钱涩，膝下闻哀鸣。恭人曰已矣，旦书思专精。冤者赖以白，病者且更生。恭人曰已矣，返里偕南行。隐居西山西，曲曲湖水萦。秋灯课儿读，春雨驱奴耕。谢家林下风，相对有余清。乙酉迄丙午，家事艰支撑。况以岁荒歉，阡陌枯禾粳。食指既烦众，生养尤关情。有子曰道源，豪侠先知名。剑欲天外倚，对人肝胆倾。得兴万言易，放怀千金轻。黔滇蜀闽粤，万里吟长征。

西秦暨东鲁，往来邳洛京。交友遍天下，声誉喧锋鋩。慷慨论今古，叱咤吞鳣鲸。归来见慈母，藐然如孩婴。孝敬有如此，母教知可贞。恭人年七十，健不殊生平。时诵释氏书，但以怡神明。儿辈未可效，戒训何纯诚。余今客于越，相聚皆豪英。主人阮学使，谊为恭人甥。庚泉前致词，春莫言归程。五月二日吉，上寿称儿觥。学使述姆德，一一符乡评。酕酕坐中客，各自抒华菁。余缘学使言，谱以和琴筝。

林道源的母亲要过七十大寿，在阮元帐下做幕僚的林道源要致辞回家祝寿，在浙江为官的阮元知道后，和友人谈到舅妈，十分敬重，对林道源的评价也很高，在场的焦循有感于此写下了这首诗。

性情豪迈慷爽、轻财重气谊的林道源十分关心底层人的疾苦。《扬州画舫录》中曾记述："旧时为盐务水巡，后经裁去。尝落魄，冬无裘衣，或以数十金赠；故旧巡役以饥故向林乞，林慨然以金市纸，穷日夜画兰百余幅，且画且题，散给令易钱。"他自己尚处落魄中，靠他人赠金生活，却日夜画兰花一百多幅，去帮助那些在饥寒交迫中向他求助的人。这是许多文人所不及的。

林道源的一生，我们知之不多。《清画家诗史》中他的一首《客斋》，让人读出了他人生的悲凉：

冬月白如霜，粲粲客斋地。
相对默无言，遥闻邻犬吠。
四壁饱鼾声，空堂窜鼠坠。
烛花一寸长，照我千古泪。
横胸万斛愁，饥寒直儿戏。
持此问古人，古人亦如睡。
剪烛笑抛书，顾壁与影媚。

在冰冷的客栈里，饥饿的诗人，听着隔壁的饱鼾声，看着老鼠在梁上蹿跳，不禁愁绪满怀，书读不下去了。一腔惆怅难遣，想让书中的古人给自己一个答案，古人却默无言语，遂只能对着挂有寸许长烛泪的蜡烛顾影自怜。或许这就是封建社会文人的无奈和悲哀吧。

　　林道源的字画，我看到的不多。一家书画拍卖公司曾拍卖过林道源的一幅书法："射天攫月五更返，度海传书三日回。"行书写得十分有力，价格不菲。在清朝的《明代名人墨宝手卷水墨纸本》上，林道源欣赏后曾留有题款："乾隆辛丑之岁，余游苏门间阅此画卷。乾隆四十七年壬寅十一月冬至前，天长林道源题。"钤印为庚泉。

　　林道源何时去世，尚不可知。关于他，还需要我们更多地去研究和挖掘。这，只是开始！

三　书香流翰墨

赋得永久的念

　　这个题目是我读了季羡林大师的散文《赋得永久的悔》一时兴起的。这里写的是一位让人敬重的老人，他就是天长民间书法家董春烨先生。

　　我与春烨先生的"忘年交"是多年前的事了。我喜欢与书法界的朋友逢缘，小城来个文化人，有时朋友们都要叫上我参与一下，我也是欣然领命。一次，安徽书法家协会名誉主席陶天月老先生来天长，参与者的范围极小。那天下着小雨，见陶老时已近晚饭时分，但他还是为我写了一幅字，落款后，友人一介绍，这位是省作协会员、喜欢写诗，陶老还没说什么，倒是旁边的人"噢"了一声，说："写得不错。"

　　我转眼一看，是位五十岁开外的中年人，身材敦实，穿着整洁，有着传统文化人的纯朴。我们彼此一笑，友人介绍说："这是董春烨老师，在永丰小学工作，书法很好。"当时我并未入神。吃饭时，我坐在陶老席旁，边吃边聊，谈笑风生。陶老突然指着墙上挂的四条屏书法赞道："写得好！尤其是隶书。""字就是董老师写的。"未等朋友把话说完，陶老惊异地举起酒杯说；"董老师，敬你一杯酒，写这幅字，在隶书中人是很少的。"我一听，再一看字，突然想起，上次看到的那幅《沁园春·雪》的书写者，落款不正是春烨吗！我肃然起敬，真是有眼不识梦中人，几番杯来盏往，我和春烨先生开始了人生的交往。

　　因为喜欢，才会关注；因为关注，便会向往。每年我都要去拜访春烨先生几次。记得第一次拜访他是一个春天的下午，河边的一栋砖瓦房，半开半合的院子，简易的门楼，铁门闭着，院内的桂花探出了墙头。一敲门，一位朴素的妇女开了门，一问才知是春烨先生的爱人，她把我们引入先生的写作室。瓦房的顶头一间，一股墨香，两张长条凳上搭着一扇宽板，铺着毡毯，就是他的书桌；靠山墙处放着一张竹床，先生的一幅幅"真草隶篆行"字卷放在那里，显眼处放着"得中养和"四个字，题跋为培忠先生雅正，墨汁尚未干。春烨先生的家人告诉我，听说我要来，临时写的。我很是激动，这是阎锡山的一句话，字写得好，哲理很深。正入神时，只听耳边响起："欢迎，欢迎，到农村寒舍，无上荣幸。"寒暄之后，先生提笔而书，神龙游墨，一幅草书一挥而就，很是洒脱，众人羡慕不已。看大家高兴，春烨先生反倒意犹未尽，为同行的四位每位写了一幅，字体不一。夕阳西下，带着收获之心，我们回程。春烨先生的朴素、善良、随和、真诚、清贫，给我们留下了难忘的印象。这些印象中最深的就是朴素，人的朴素，书法的朴素。

春烨先生是一名农村小学教师，但他书法造诣很深。他从几岁时就开始临帖，二王（王羲之、王献之）、柳公权、颜真卿、欧阳询、赵孟頫等大家先贤的各种名帖都是他取法的对象，他临帖至深至勤，有时农忙时，一锄一刀之间，还手绕字之走势。他住的房间里至今还堆放着他几十年来的作品，他不图名利，不作渲染，真情真迹自在民间。书法作品除了下笔有神、落墨有韵外，更重要的是敏锐的思维和严谨的法道，这一点在春烨先生的作品中得到充分验证。所以就"书法在民间"而言，在当今书坛，春烨先生可算是代表之一。特别是在他人生的后几年，天长民间广为收藏他的书法作品。可以说，正因有像春烨先生这样的一批民间书家，才使天长形成了"家中无字画，不是故人家"的浓厚文化氛围。

传统审美观点和艺术视觉，加之中国知识分子的朴素的美学思维，注入春烨先生的笔下，辉映出的是隽永与温润。其"真草隶篆行"无不自通，人字合一，可谓笔墨生命，既有勤奋更是天资，淡然又不乏张力，内敛又释放神韵。就春烨先生书法作品的深度而言，他主要擅长行草，钻研隶书，常用楷书，不同的对象，不同的场合，不同的书法风格，不为一家所囿。更可贵的是，不拘泥、不俗套是他创作作品的鲜明特点，尤其是隶书与草书，清丽遒劲，线条丰富。从"他法"到"我法"的转变，胸怀、修养、识见与书法相融合，形成了他后期书法作品的独特风

115

格，烙上了个人明显标记的书法符号。

最后一次去见春烨先生是一个秋初的上午，我陪天长市文联主席刘恒昌去约谈书展之事。先生病重在家休养，见我去，甚是高兴，从卧榻上起来，畅谈书法之美，书家之道，我印象最深的一句话就是书法应有出处，就像练功要有门派一样。说到兴处，他走进书房，写下了隶书"乘帆追红日，跨鸟摘白云"赠送给我，既像是对我的鼓励与嘱托，又像是对他自己生命的大彻大悟，是一幅字，又是一幅壮美的画，现在看来感悟很多，为我终身所收藏。

传统的文化都饱含朴素的思维，春烨先生故去时我未能为他送行，而他已然向我作了道别——跨鸟摘白云。中国文人的性格大体分三种：狂傲，冷傲，谦卑。春烨先生应该说是第三种性格，他的"独善其身"让人发自内心地敬重，他身上散发出来的传统文化气息或许只属于那个时代，但表现出来很让人落泪。时针指向他们的节日，时钟敲响我们的思念。

何时为故人在小城办个书展，这也是我永久的念。

沉寂在墙壁上的墨香

——清天长画家陈松

北京市东城区有一座很有名的夕照寺，寺内大殿的右墙上有一幅壁画，画上有五棵枝干很高的松树，人站在画前如立身深山中。

据说这是一幅很神奇的壁画，笔墨阴森，一堂风雨，使人见之心生清凉。更奇的是，在观音座前观看，画中树为三棵，而从观音座前走开数步观之，画中树变为五棵。而且，不论天晴或天阴，一旦壁画出汗，天就会下雨；壁画不出汗，天即使阴到黑沉沉的也不会下雨。这诸多神奇，让这幅壁画堪称稀世之品，一时名重天下，观者络绎不绝。

清俞蛟《读画闲评》、昭梿《啸亭杂录》都对这幅画给予很高评价，而且都说得很清楚：作画的人叫陈松，字寿山，天长人。

在天长现存的清代县志中，我没有查到关于陈松的任何文字记载，但无意间阅读潘实老师的《我所知道的宣瘦梅》时，获得了不少关于画家陈松的信息。

一是来自清俞蛟的《读画闲评》，这本书里有一篇《陈寿山传》，传的全文是这样的：

> 京师万柳堂之西北隅，有古刹曰夕照寺，或谓即燕京八景"金台夕照"之遗址也。大兴王安昆书《高松赋》于殿之左壁，右壁松树五株，为陈寿山笔。寿山名松（松），天长人，游楚不遇，入都卖画作生涯。笔多匠气，观之令人胸次作恶，故其画恒为市廛商贩及胥掾家所宝，骚坛艺苑之士，莫有持缣素乞其挥洒者。独夕照五松，离奇夭矫，苍翠浓郁，恍闻谡谡涛声起檐际，而置身千岩万壑间。余每入寺，必瞻玩移晷，不忍去。寺僧为余言："寿山作画时，值长

夏，解衣裸体，酌巨觥连饮，磨墨贮瓦瓯，睥睨久之，然后累几而上，皴擦勾斫，飒飒有声。晌午，天大雨倾注，若黄河乍泻，千珠万珠，跳掷阶下，庭水积尺许。雨霁而画毕，夕阳犹在高舂也。"殆古人所谓"胸有成稿，意在笔先"者乎？盖画无论山水、人物、花木，不难于小，而难于大。譬诸写字，以纤毫凭几，于尺幅中作小楷，极整齐结构，及纵笔作擘窠书，往往散漫而失绳墨者有矣。殿壁纵横各二丈有奇，松本围径尺，而有参天之势，枝干屈曲，针叶疏密，均得乎法，画松之能事毕矣。王安昆书素亦自负，与画对峙，似为减色。足征笔墨有一日之短长，而寿山涂抹半生，得画壁而传，可谓厚幸矣。

从这篇传中，我们知道，画家陈松，字寿山，天长人，在北京画画谋生，因匠气太重，他的画都是一些身份低贱的人在买，真正的文人都不买。但他在夕照寺画的这幅壁画离奇天矫，是难得的佳作。传中十分详细地介绍了陈松创作这幅画的过程和绘画的效果，但对陈松的生平记载很少。

二是来自清昭梿的《啸亭杂录》中对陈松的记述：

陈处士松，字寿山，天长人。性豪宕，善绘事。少游楚，不遇。入京，客余邸中，先恭王甚喜其人，日与寿山谈，置其画不论可也。先生绘事，少师板桥诸派，故颇为人所訾议。然善画松，尝于夕照寺壁间画大松数株，枝干长数十尺，夏日观之，谡谡有声，如身在深山中，人争爱之。以先生终身笔墨，惟此为最云。淹蹇以终，年未五十。其妻孥流落客邸，先恭王厚为恤养，至今犹存，年已八十余，萧萧白发，亦可悯也。

该杂录记述，天长人陈松的画技师承板桥诸派，善画松，与先恭王关系不错，一生贫困，不到五十岁就去世了；陈松死后，其妻儿都是先恭王恤养的。

近代著名史学家张次溪的《燕京访古录》中记述，在王安昆所书的《高松赋》后面有跋，跋的原文是：

> 言京师左安门外弘善寺静观堂有陈香泉、禹之鼎两君画壁，观者云至。夕照寺恒吉师欣慕之。乾隆乙未夏六月，因乞陈寿山画松，而平甫书此赋。

从跋中我们知道，夕照寺的师父恒吉看到弘善寺静观堂有壁画，就恳请陈松和王安昆于乾隆乙未（1775）夏六月，在夕照寺的墙壁上画了松写了赋。

综上所述，我们可以得出这样的结论：时年不到五十岁的天长人陈松于清乾隆四十年（1775）夏天在夕照寺画了这幅壁画，这可能是他的绝笔。他进京后，与先恭王一见如故；他死后，这位先恭王还照顾他的妻儿。他的画有郑板桥的风格，这幅松画让他一举成名并至今留名。

那么这位陈松，他是天长什么地方的人，为什么先恭王对他家这么照顾呢？

从天长历史上几个陈氏的家谱看，只有龙岗陈氏家族可能和皇家关系比较好。龙岗赐书堂陈氏一脉因康乾时期出了四个进士而闻名，有二十多人在各地为官，其中因政绩、军功卓著而受到皇帝表彰者有三人，其他的有不少也是诗人和画家。龙岗陈氏政绩斐然，文风很盛，是天长的名门望族，因此在朝野上下有各种社会关系。

在现存的天长龙岗清光绪二十三年（1897）赐书堂《陈氏家谱》中，我找到了陈松。家谱中的《以明公传》记载：四进士之一的陈以刚有一个身体不是很好的弟弟陈以明，雍正六年（1728）官至贵定、安南知县，后又官至永丰知州，任上大病，在回家的船上病死，陈以明的嗣子陈士奇去扬州迎柩。家谱中记载，陈士奇，字文伯，有三个儿子，大儿子就叫陈松。也就是说，陈松是陈以明的孙子，陈以刚的侄孙。

我们怎么认定陈以明的孙子陈松就是乾隆年间的天长画家陈松呢？

从时间上看，雍正戊申年（1728），陈以明就做了知县，此时他已过四十岁；而陈松于清乾隆四十年（1775）画好壁画后不久，不到五十岁就去世了。这段时间先后近五十年，按照过去男性的结婚年龄推算，陈松是陈以明孙辈，年龄上很相符。

家谱中还记述了赐书堂陈氏与当时皇家的关系。《于荆公传》中写道：

> 在京获交当代巨公，名噪辇下，选授广西永福知县，三弟无疆亦补广东海康知县。

据陈氏后人介绍，陈于荆能认识当时的巨公（地位显赫的公侯），是因为其族兄陈灿是康熙皇帝的卫士。清光绪《凤阳府志》和嘉庆《备修天长县志稿》中记载，陈灿是康熙十五年（1676）武进士，陈于荆是康熙三十年（1691）进士，此二人正是陈以明的叔叔。

赐书堂原名湖北堂，因乾隆皇帝恩赐给陈氏丹书铁券而更名赐书堂。陈氏后人说乾隆皇帝就是他们陈家的后代，这个就无从考证了。家谱的《以刚公传》和《以明公传》中还记载了陈以刚、陈以明兄弟二人入都见张廷玉父子的事。他们兄弟二人和张廷玉父子关系很好，张氏对陈以明的诗句"人喧灯一市，门闭月千峰"十分赞许。可见龙岗赐书堂陈氏确实与当时的朝廷政要关系不错。

《啸亭杂录》中说："先恭王甚喜其人，日与寿山谈，置其画不论可也。"最后记述陈松"淹蹇以终，年未五十。其妻孥流落客邸，先恭王厚为恤养，至今犹存，年已八十余，萧萧白发，亦可悯也"。

先恭王能与陈松如此谈得来，所谓谈天说地，也谈两家的琐事就很正常了。不仅如此，先恭王还在陈松去世后照顾他的妻儿。这一点也不必怀疑，《啸亭杂录》的作者昭梿是亲眼所见的。如果没有陈氏家族与皇家多年的特殊关系，先恭王没有理由对这个穷困潦倒的画匠如此厚爱。当然，因为他客死他乡，《陈氏家谱》里对他的后人没有任何记载。因此，这个画家陈松较大可能是陈以明的孙子陈松。

《读画闲评》记述陈松作画的过程十分夸张，但也很真实。陈松画这幅壁画时，正值炎热的夏天，他抛却斯文，脱掉上衣，连喝很多酒，磨好很多墨，在墙壁前瞄了很长时间，胸有成稿，意在笔先，然后潇洒挥笔；中午时，天上下起倾盆大雨，寺院庭中积水一尺多深，也没有影响他绘画；雨停了，他的画也画好了。

这幅画很逼真，很神奇，几百年来游人不绝。民国时，有一洋人来到寺中，要出高价买壁画，寺僧秀泉不为金钱所动，说："你就是再为我修个夕照寺，我也不卖。"近代著名画家郑午昌在《中国壁画历史研究》中说："清代壁画益衰，可谓绝无仅有……即（使）有名作，亦不过画家一时兴起。天长陈松之画五松于夕照寺壁……能见于记载者，实其特例也。"可见评价之高。

至于《读画闲评》中说陈松"笔多匠气，观之令人胸次作恶"，所以当时只能卖给商贩等人，文人们不欣赏他的画，原因也很明了。《啸亭杂录》中说："先生绘事，少师板桥诸派，故颇为人所訾议。"现在看来，陈松的画没有像当时的主流画派那样承接宋元古韵，而是学习了扬州八怪的非传统画法，才不被当时的士大夫所接受，而遭人非议——陈松的家乡天长近邻扬州，他受到扬州画派的影响，是自然的。

多年前，一家拍卖机构拍卖过陈松的一幅《菊花图》，颇有板桥绘画风格。画的右上角有题诗一首：

> 紫雪霞丹共一团，写成移入华瓶看。
> 却教青女无寻处，坐拥群花却岁寒。

落款：壬午夏，寿山。此诗是他在别人的诗上略加改动，他的意思很明了：采来紫白红粉的各色菊花插在瓶中欣赏，我坐拥这能傲霜斗寒的菊花，也许就能抵挡岁末的寒冬——一句话，太穷了，希望我能画点画卖点钱好过冬啊。如今读来，我们也读出了落魄文人的清寒与无奈吧。

三　书香流翰墨

一栏春雨卸桃花

——清天长女诗人陈珮

天长自汉设东阳郡，唐置千秋县，可谓经明政雅、文丰德厚。北乡山清水秀，明清时期，更是人文荟萃：明朝尚书金纯，清朝陈门四进士、状元戴兰芬、才女王贞仪等多出于此。在北乡的文化长河中，有一个年轻女诗人的名字尽管几近被浩瀚的历史湮没，但在史册的只言片语中，我还是循着微茫的印记，找到了她——陈珮，清《四库全书》所收录的《闺房集》的作者。

即使是研究天长历史的人，对陈珮也知之甚少。但嘉庆《备修天长县志稿》和清朝人唐建中的《江宾谷元配陈孺人传》中都有记述，如前者云："陈珮，字怀玉，五岁解读《内则》《女诫》，七岁熟《毛诗声韵》，十岁有诗云：'惜花有梦疑春雨，爱月多情怕晚云。'闻者谓其谢女类也。"陈珮家学深厚，自己又天资聪颖，熟读古训经典，十岁时就写出让人佩服的诗句，了解她的人认为，她是和东晋谢道韫一样的才女。

那么，陈珮究竟是一位怎样的女子，她的人生经历又有怎样的轨迹呢？

一、文脉传承赐书堂

江昱在《亡妻陈君墓碣》中说："陈君名珮，字怀玉，天长县人，康熙戊辰进士、历官兖州知府讳于豫第三女，性孝爱，聪明能读书，父母绝怜之。"通过多方寻找，在光绪二十三年（1897）赐书堂《陈氏家谱》中，我终于找到了陈于豫的家族简介。明朝中叶，从浙江来天长的陈氏，定居龙岗白马湖。陈珮的父亲陈于豫兄弟五人：大伯陈于荆，康熙三十年（1691）进士，任广西永福知县，病死任上，为官清正，《陈氏家谱》记述："在京获交当代巨公，名噪辇下。"即在京城结交地位显赫的公侯，

122

大名为康熙皇帝所熟悉。三伯陈于冀，由拔贡赐任广东海康知县。陈于豫，字伊水，号卧山，排行老四，康熙二十七年（1688）进士，补内阁中书舍人，调主事，升兖州知府；后因治水有方，著有《河防辑要》行世，康熙皇帝赐书："两川风景同三月，千里江山入一家。"陈氏堂名遂改为赐书堂；后因病辞官回乡，名望很高，周边贼人闻其名而不敢扰其乡。陈珮的二伯陈于梁和五叔陈于雍闲居家中，无官职记载。龙岗赐书堂陈氏一脉，明清时期出了很多官员，京官、州官、府官、县官有二十余人，其中因政绩、军功卓著受到皇帝表彰者有三人。这里还不得不提到一个人，那就是陈珮的堂哥——陈以刚，康熙五十一年（1712）进士，殿试第三，官至云南阿迷知州，著名诗人，与吴敬梓、郑板桥、袁枚等人私交深厚，是陈门四进士之一。

陈于豫的五个子女中，排行老三的陈珮最孝顺。唐建中在《江宾谷元配陈孺人传》中记述，陈于豫生病时，陈珮随同母亲早晚侍奉："兖州病，孺人兄远官，姊远适，弟幼，公举动胥籍人，乃从母氏侍，不朝夕怠。"陈珮也在《将归扬州呈两大人》诗中写道：

> 高堂钟爱胜男儿，生小闺中到处随。
> 顿使离家事姑舅，忍教极地谢严慈。

父母对她的爱胜过对男孩子的爱，可见她与父母感情的深厚。

二、合契金兰结姻缘

特殊的地理位置，使天长文化与南京、扬州文化多有交融。明清时期，十分注重等级，表现在婚姻上尤其讲究门当户对。嘉庆《备修天长县志稿》中记载了这样一个故事：陈珮的父亲陈于豫在兖州任知府时，结识了山东济宁进士潘世遴，后来推荐他到天长任知县。因与陈于豫的交往，潘知县十分推崇小陈珮的诗。一次陈于豫到潘知县处做客，正好遇到了来天长办公事的扬州司马江岱瞻，潘知县热情地让两个人会面，席间还将小陈珮的诗读给江司马听。江岱瞻与陈于豫大有相见恨晚之意，谈得十分投机，当即结为金兰之好，并结为儿女亲家：陈于豫把女儿陈珮许嫁给江岱瞻的第七子。几年后，十八岁的陈珮，轻舟一叶，红妆十里，嫁给了大她一岁的扬州才子江昱。

江昱，字宾谷，号松泉，祖籍徽州歙县，少年时就有神童之誉，随父移迁江苏仪征，后居扬州。他家藏书超过万卷，他经常废寝忘食，彻夜而读，被好朋友袁枚称为"经痴"；他还与吴敬梓、郑板桥、陈以刚等人有交往，陈以刚在为江昱的《潇湘听雨录》作的序中写道："宾谷，予妹婿也。"江昱的弟弟江恂也是著名诗人，并以拔贡的身份官至湖南常宁、清泉知县。兄弟俩著述唱和，在乾嘉时期的扬州文化圈中十分有名。与弟弟不同的是，江昱不想为官，而是在家奉养老母亲，实实在在做了一个文人、一个孝子。在当时的扬州，他的诗歌写得特别好，尤善填词，经学研究也很深入，十分精通《尚书》，著有《梅鹤词》四卷、《集外词》一卷、《松泉诗集》六卷、《尚书私学》四卷、《潇湘听雨录》八卷、《疏证山中白云词》八卷、《考证萍洲渔笛谱》二卷，均传于世，是当时为数不多的收藏家、经学家、诗人。江昱的诗词以咏物见长，笔调清淡委婉，但风骨挺健。

三、情深一往句偏工

陈珮和江昱真正是才女对才子，夫妻感情甚笃，常有诗歌唱和。陈珮《答夫子》诗曰：

> 闺阁相依气味同，三生密缔百年中。
> 难无曼倩官厨遗，却有侯光无下风。
> 曲奏双飞声自好，情深一往句偏工。
> 宵来明月堪偕饮，更拔金钗付小红。

曲奏双飞，情深一往，月下共饮，情投意合，夫妻的恩爱、浪漫像一幅画展现在读者的眼前。《题宾谷味兰图小像》中则有"君子宜幽兰，幽兰宜君子。于以结同心，真味穆如水"，也把夫妻之爱写得一往情深。

对诗人而言，有时一次离别就是一首好诗。丈夫江昱去仪征了，难眠的妻子写下了思念的诗《秋夜怀宾谷客真州》：

> 君子远天末，空闺一片情。
> 西风干木叶，凉月湿帘旌。
> 转以寐难着，因之愁更生。
> 萧萧孤客意，清漏满江城。

空房永夜，思念如水，遥寄于明月千里。

四、琼花吹折痛何如

昙花一现，人生苦短。

两个天才诗人的诗情画意，是让人羡慕的；然而，美满的姻缘，好像惹得老天也嫉妒。陈珮身体一直不好，她在给桐城诗友方青的《病中赠桐城闺秀方阿青》中已清楚地道出了自己的病况：

> 一门应不惭诸谢，风絮尤传道韫佳。
> 却愧无缘亲笑语，卷帘人瘦比黄花。

尽管自许才情"不惭诸谢"，我们却分明从"无缘""人瘦"中看出她的病情很重。

陈珮二十岁之前曾写过一首诗《书室新修率题》，诗中有"满院东风飞燕子，一栏春雨卸桃花"两句。谁知一语成谶。婚后第四年，即雍正六年（1728）二月一日，二十二岁的天长才女陈珮积疾成殇，幽兰萎谢，在扬州去世。一栏春雨卸桃花，因成早谶；满院东风飞燕子，不见斯人。江昱伤心欲绝，很长时间都沉浸在丧妻之痛中。袁枚《随园诗话》卷八中盛赞江昱对亡妻的用情之深。江昱在《亡妻陈君墓碣》中记述了陈珮的生平和她的坟墓的方位；当时还年轻的江昱写道："况其死而无后也，丐传于天门唐太史比葬复书其略于墓后，揽者鉴予之哀不加毁也。"江昱说，妻子没有生养，墓后有一块石碑，乞求唐建中书写了陈珮的生平，请看到的人可怜他的痛苦，不要损坏石碑。直到六年后，在家人的多次劝说下，江昱才再婚。

五、诗幽词艳闺房篇

陈珮短暂的一生留下了一部诗歌集《闺房集》，《四库全书》中有收录。我们现在所见为南京图书馆藏清刻本《闺房集》，其中有诗一卷，计四十首；诗余一卷，计十首；另有附文三篇。扬州著名女诗人徐德音作序。徐德音出身名门，才情清丽；序写得很文气，讴之赞之，十分精彩。集后并附徐德音、易慕昭、方青、梁瑛等人挽诗五首。

通览《闺房集》，有诗有词。相对来说，诗优于词。她的诗中，除了八首为五言诗之外，剩下的三十二首皆为七言。题材较为广泛，有游记、咏物、抒情、相互唱和等，其中游记诗所占比重较大，也较有成就。如《上方禅智寺》诗：

> 萧疏古刹掩松关，遗址空传大业间。
> 四野墓田春草绿，一楼钟磬夕阳闲。
> 窗中僧定无寒暑，槛外帆多自往还。
> 隐隐山光相望里，繁华如梦水潺湲。

唐建中称赞"孺人之诗幽艳，学晚唐"。

说陈珮的诗有晚唐余风也恰如其分。每次往返天长与扬州，陈珮都要经过高邮湖，她也因此留下了数首吟咏高邮湖的诗作。高邮湖也叫珠湖，她有四首《珠湖道中杂诗》，其中一首曰：

> 滑笏春波绿似烟，东风时拍浪连天。
> 渔娘见惯浑闲事，取次船头撒网圆。

写湖上的春波如翠、湖浪连天，写渔娘随意抛网捕鱼的娴熟自适，动静结合，描绘了一幅生机盎然的春日湖上打渔图。

　　除了游记诗外，陈珮诗集中数量较多的是咏物诗，如《瘦菊为某婢作》诗：

　　　　瘦菊依阶砌，檐深承露难。
　　　　莫言根蒂弱，翻足耐秋寒。

　　以阶下瘦菊托物寄意，让人读出在逆境与弱势中坚持盛开绽放自我的瘦菊高洁坚贞的形象，言简义丰。

　　作为一名旧时代的女性，传统的束缚使得她的生活不能像男性那样自由，因此她的短章词令多为写日常琐事，抒发着那个时期女子的惆怅和孤独。如《南乡子·寄怀宾谷》词：

　　　　人静夜香残，银蒜低垂月影寒。寂寂冰绞空在壁。谁弹。萤语秋声共一栏。
　　　　吟思渺无端，兀自支颐对素纨。除了相思无好句。回环。欲写相思却又难。

　　这种寄托相思的词句，虽然不如诗写得有格调，却情意深浓，意境很美。

　　文化是一种寻找。读着陈珮的诗，我们确实为天长历史上有这样的文化人而感叹。特别是在清乾嘉时期，天长文化人陈以刚、林道源、陈珮、刘文如等能融入鼎盛的扬州文化圈中，是多么值得我们现代人自豪啊！据陈氏后人介绍，陈珮的坟就在今天的龙岗陈庄，不知道唐建中书写的那块石碑是否还在，对于这样一位天才女诗人，我们应该再做点什么呢？

从侍女到才女

——清天长女诗人、史学家刘文如

乾隆四十二年（1777）的冬天，在一阵啼哭声中，高邮湖西岸的一户刘姓人家，生了一个女婴。可惜小女孩刚出生，母亲就因难产去世了。小女孩的父亲是小镇上朱姓盐商家的帮工，父女相依为命，艰难地生活着。在小女孩八岁时，她的父亲也因病去世。朱姓盐商很可怜她，通过关系，把小女孩介绍到扬州江姓盐商家做丫鬟。当年江家小姐嫁给了仪征籍贡生阮元，小姑娘也随嫁到了阮家。仪征学者巫晨在他的《阮元仪征事》一书中写道："随江夫人出嫁的媵女刘文如，天长人。"刘文如是否以陪房丫头的身份随江小姐进入阮府，这个很难确定，当时刘文如才八岁，年龄太小。但可以肯定的是，江小姐怀孕时，九岁的刘文如已经在阮府陪伴江氏。

阮元是谁？一代文宗，扬州学派的领军人物，清乾隆、嘉庆、道光时的三朝阁老，九省疆臣的著名大学者，被道光帝授予太傅。天长人对阮元还是十分了解的，清天长小说家宣鼎在他的《夜雨秋灯录》里写过一篇小说叫《阮封翁》，小说写了阮元的父亲阮承信性恻隐好义，往往赒恤亲友。一次扬州城火灾，许多人没地方住，他借钱，"呼匠为席棚百十间，俾贫民避风雨。欢呼感激，祈天为善士降祥"。他自己年底回家，无钱过年，"幸其子为诸生，肄业书院，聪明才智，为当道所器重，均有赠遗，借以苦度"。善有善报，其子阮元大试皆前列，连乾隆皇帝都知其名。后来阮元获封疆重任，巡抚浙江，节制两粤，一直到晋封太傅。阮翁死后也被封授二品。宣鼎在小说中写了四个字：天道福善。

刘文如随江夫人到阮家后，主要任务就是陪江夫人读书、写字、吟诗，正是读书年龄的刘文如在阮元家受到了良好的教育，这为她以后的诗歌创作、史学研究打下了良好的基础。

从《阮元年谱》和《阮元仪征事》知道阮元结婚三年后，没有留后的江夫人因病去世，远在北京的阮元痛失爱妻。乾隆五十九年（1794），江氏去世几年后，在父亲阮承信的要求下，阮元才把十八岁的刘文如纳为侧室。清朝婚姻制度十分讲究等级，妻就是妻，只能娶一个，侧室可以有几个。嘉庆元年（1796），阮元娶孔子的后代孔璐华为妻。

阮元家学风很盛，每天都开设不同的学科，特别是开设了国学、书法、绘画、历史，刘文如积极参与到学习之中。她对史学研究的态度和兴趣，超出人们的想象，而且颇有成就，著有《四史疑年录》。美国学者魏白蒂在《清中叶学者大臣阮元生平与时代》中写道："刘文如……在阮家学字读书，并对历史研究产生了浓厚兴趣。刘文如也写诗，但保存下来的不多。她的主要成就是对四史中存疑的年份进行研究。此书共辑七卷，《汉书》《后汉书》各一卷，《三国志》三卷，《晋书》两卷。作者在自序中说，此项研究受启发于钱大昕（1728—1804）的《疑年录》。钱大昕是一位知名的汉学学者，他在史学考证方面的成就为阮元所钦佩。"

阮元充分肯定刘文如《四史疑年录》的学术成果，亲自为该书编校和作序，并在序言中表明了他对妇女从事经籍、文学、历史学术研究的支持的态度。他还亲自指导刘文如，纠正书中的问题，且在序中对刘文如的著作也向读者表达了敬意："南北朝以后书籍渐多，是须博览，未可但据正史。此非妇人所能，勿勉强为之，反多遗漏也。"

男尊女卑的思想一直左右着儒学家们，他们认为学术研究是男人的特权。但从阮家女眷来看，并不是这个情况，刘文如在阮元家不仅从事学术研究，也是参与一些社会活动的。

道光二十六年（1846），刘文如七十岁生日时，阮元不收礼，不办宴席，但还是收到了一些朋友的诗歌和寿联。梁章钜写了一副寿联，上联：鹿宴沐恩浓，正及臣门膺旷典；下联：翟衣襄政久，更看子舍策清名。为了表示诚意，阮元专门到梁府拜谢了梁章钜。个园的主人黄爽，字右原，也写了一副寿联，上联：温温恭人，母以子贵；下联：潭潭相府，日引春长。在所有对联中，这副对联阮元最喜欢，对联很形象地切合刘文如七十寿辰和家境，梁章钜认为此联庄重浑成，真可入余《联话》与软！从上文的记述中我们可以知道，作为侧室的刘文如在阮家还是有一定社会地位的，阮元年迈退隐以后，刘文如已成为其社交活动的参与者。

阮元的第二任妻子孔璐华，自幼就受到良好的教育，精通儒学经典，熟知如何处理复杂的人际关系，非常勤劳地料理家中的事务，尤其对刘文如友善有加，毕竟刘文如是原配江夫人的侍女。阮元的女眷们都精通诗词，尤其是孔璐华和刘文如水平相对要高一点。当她们不在一起时，会互致诗词书函。《清中叶学者大臣阮元生平与时代》中记录了这样几首她们的诗：

> 孔璐华：一钩新月悬帘外，几缕名香绕袖边。

> 刘文如：纸阁微风生铁马，茶瓯轻暖泛银船。

一轮明月，一条银船，名香绕袖，几口暖茶，诗从画来，画生诗意，这样的心境，不像是妻妾关系，更像是多年的文友。

当孔璐华等到刘文如带着孩子们抵京后，她写了一首欢迎的诗：

> 久别相逢一笑看，闺门骨肉又团栾。
> 劳君二载持家计，与我今朝说古欢。
> 膝下娇儿皆长大，江南新竹尽平安。
> 此番永在春明住，三友冰心写岁寒。

诗中一如旧友重逢，说着相互关心、相互感激的话，现在读来还是十分感人。刘文如的和诗也十分用情，诗的全文是这样的：

> 骨肉相逢急急看，堂中聚首话团圆。
> 商量闺阁心同尽，检点琴书意共欢。
> 明月照君怀选巷，清风送我到长安。
> 人间行路真难事，儿女娇痴亲未寒。

刘文如留下来的诗歌虽不是很多，但也有一定的研究价值。她的诗歌文字流畅，感情真挚。《清画家诗史》中收集了刘文如的三首诗歌。《题石室藏书图》长诗中她开篇写道："开匣拜遗容，凄然心暗伤。未及见慈亲，惟见图卷长。"一下子把人带到了思念之中。该诗结尾她写道："哀哉寸草心，难报春晖光。"

刘文如的诗歌接触底层，洞察生活，有着浓浓的生活气息。她在《题养蚕图》长诗中写道："昔年蚕事传余杭，以纸裹种来维扬。一冬霜雪不甚冷，几番任向书楼藏。"她在诗中叙述了从余杭即杭州传过来的养蚕制丝之事全过程的艰辛，同时对这一新鲜事物观察得十分仔细，从头眠到三眠，再到抽丝，只有贴近生活才有真实的记录，正如她在该诗结尾所写："从此织成罗与绮，从此染成玄与黄。传与江城田舍妇，曷不努力兴蚕桑。"

作为诗人、史学家的刘文如，无疑也会通过诗歌对历史发出人生的感叹。《咏汉金钏》诗写的是汉成帝皇后赵飞燕的故事，诗中写道："赵家姊弟能音乐，大燕轻盈小燕啄。一朝选入汉宫来，君王宠爱生谣诼。"但作为史学家，她更关心赵飞燕曾经用过的实物——一口金钏，想来考证《汉书》记述的真假："此钏小劫天所弃，千载沉埋在何地。拾得圆镮归我家，为检汉书证古器。"

刘文如与阮元生有一儿一女，儿子阮祜在父亲去世之前，通过了道光二十二年（1842）在北京举行的恩科考试，成为举人，被道光皇帝钦点为刑部山西司郎中。咸丰皇帝时，任命阮祜为四川潼州府知府。女儿阮正则嫁给了崧圃阁老的儿子。《雷塘庵庄弟子记》记载，道光二十六年（1846），刘文如去世时，阮正的丈夫正在山东担任知府。

乾嘉道时期，繁华的扬州出现了前所未有的经济盛况与文化盛世，作为近邻的天长，也充分享受过它的繁华，特别是不少扬州大家与天长密切的关系，如学者江昱、江恂兄弟等人与天长产生了充分的共鸣。作为一代文宗阮元的侧室，天长籍女诗人、史学家刘文如的学术成果是很值得挖掘的，这对于研究清朝时期天长的历史文化有着较高的价值。

四

萃玉缥缃中

《马汉河风情录》编后

　　罕见的连日酷暑没有阻挡我们编创的热情，由训佐先生题名、我们几个爱好传统文化的人操刀的《马汉河风情录》如期完稿。付梓之前，我的心很是忐忑：不知道我们的文字是否苍白，能否如愿地向世人展现高邮湖西这方净土的纯美；不知道读者们的聚焦，能否肯定这古老与现代冲击下的留存；不知道这并不厚重的一册文字，会不会辜负人们的热情期待……

　　《马汉河风情录》是一部情关故土的书。其既有大自然风光、人文风情，也有故事传说、民风民俗；既有古人的诗词歌赋，也有今人的和唱浅吟，特别是当地遗留下来的民歌民谣价值很高。汪曾祺先生在《故乡的元宵》一文中写道："有几年，有送麒麟的……齐声唱一些吉利的歌。每一段开头都是'格炸炸'：'格炸炸，格炸炸，麒麟送子到你家……'"这与高邮湖西马汉河的麒麟歌一样的曲调。文化是相通的，它可以重现被遗忘的历史，挖掘与保护民间文化，让从这里走出的游子拾起乡愁；而我们，更想向读者展现一个你所不知道的马汉河，让人们了解古镇马汉河，进而推动高邮湖西文化的打造。

　　"煲灰也有发热的时候，马汉河还会兴旺的！"四十年前，一个老人对一个八九岁的孩子说。这句话一直没离开孩子的脑海，成了孩子的梦，那个孩子就是我。在编写本书的过程中，我发现：一个没落的水乡小镇竟然有这么多迷人的故事，有这么多走出去创业有成的人，有这么多寺、坊、亭、桥、阁、街的遗存……我对此是无比感慨，也是非常欣慰的，更加觉得自己作为一个马汉河人，有责任、有使命让它走出这片水域，走向天长，走向更远的地方。那么，参与编写这部《马汉河风情录》，就

四　萃玉缥缃中

135

算是我为了它迈向远方而尽的一点绵薄之力吧。

　　付印之时，我特别感谢路云飞老师、陈家斌先生、刘家山先生，他们为编写本书牺牲了很多休息时间；一并致谢朱培植老先生、王建华先生，他们为我们提供了诸多珍贵的资料。

　　由于编写本书的时间有限，各种信息资料不够齐全，编写中难免有不足之处，敬请谅解。

　　如今，马汉河已是安徽省传统村落、安徽省旅游示范村、安徽省美丽乡村，愿《马汉河风情录》能与这三个名称相得益彰，愿我深爱的故乡——马汉河真的"发热"！

　　是为后记。

2016 年 7 月 31 日于马汉河

何处青山吊隐贤

文化，常常是一种寻找。

一个仿佛被岁月遗忘的小镇，在不经意的墨水点拨中，能迸发出引人入胜的文化色彩，无疑是因为它的文化底蕴。这种文化底蕴能勾起人的遐思，提升人的精神，却也需要我们在记忆中寻找，在文字中寻找，在尘封多年的青砖黛瓦中寻找。

寻找到诗人郑逸青，无疑是我文化寻找过程中的收获。细细品味着逸青先生遗留的一叠厚厚的诗稿，透过诗歌中真挚的情感、和畅的格律和适宜的用典，我可以感知诗人文学功底的深厚。逸青先生对于诗歌创作曾有这样的体会：

> 既学写诗，不能生搬硬套。词有来源，句有章法。白描有风味，用典如己出。诗有起承转合，首尾相顾，一气呵成。用字不能重复，也不能因词害意。俗云：诗酒有别样，不比写文章。蓄意要无疑，钟情而不露，必须情志缠绵，胸怀开朗。写景要奇妙，寓意要深长。

读逸青先生的诗歌，我被他的文学才华折服，也为诗人坎坷的一生而感叹。

相对于低洼的高邮湖，我的家乡马汉河这片高冈，无疑是里下河地区的"青山"。逸青先生就出生在这里。他原名郑传斌，十三岁那年他的父亲因病去世，逸青随姑妈在天长铜城生活和学习，并参加了天长抗日文艺青年宣传队。他一表人才，器宇轩昂，思想活跃，显然是宣传队中的骨干，但因为家庭原因，逸青未能随宣传队北上抗日；后来从铜城走

四　萃玉缥缃中

出去的不少革命同志和逸青先生都有来往。北撤后，逸青全家搬到扬州的文汇路，开办了木行与烟厂，一度与荣毅仁家族有生意来往。期间，读书和写作成了他工作之余的主要爱好。

当社会的喧嚣滚滚而至，遁隐是诗人必然的选择，也只有是诗人他才会如此。1953年全国上下掀起了私营工商业改造的浪潮，逸青先生全家离开扬州回到了家乡马汉河。在马汉河，他奉养老母，培养子女，读书写诗，并以杂货商店养家糊口，一直到去世。

因时因事，我们现在看到的逸青诗词主要是他20世纪七八十年代的作品。在逸青先生遗存的二百多首诗词中，多有真心真情、催人泪、动人心的佳作。这与诗人的人生阅历有很大关系：从扬州归隐到马汉河，是诗人政治上的释怀，更是对故乡的热爱，写故土情怀、亲朋往来成为他诗作中的一大亮点。如他写与友人对弈：

决战争分秒，筹谋我独高。
车驰同利剑，马跃似锋刀。

愧我空忻悦，怜君独欷歔。
友情于胜负，两者孰珍乎？

这两首诗生动地再现了两人在棋局中寸土不让的争锋，又从棋说到人生，劝慰对方无须太计较得失，而更应珍惜双方情谊，可谓既有生活情趣，又有人生哲理。

逸青先生四十一岁时，夫人去世，留下四个未成年子女，这对诗人的打击是十分沉重的。

逸青夫人齐振宇女士是天长铜城人，她的家族在铜城十分兴旺，父亲任过国民党铜城区长，她也有着很好的家庭教养。一路走来，他们相濡以沫。

逸青先生后来未再娶，他对妻子的怀念时时隐现于诗中。在《悼云》一组诗中他写道：

伊人辞我别尘寰，万唤千呼永不还。
　　明月今宵知吾意，伤心掩面怕开颜。

　　去年今夕君蒙灾，此日君魂赴冥台。
　　我在含悲君饮恨，人间地下两哀哀。

　　字字思念，句句伤心，催人落泪。

　　少年丧父，中年丧妻，这样悲怆的人生，成了诗人创作的痛苦源泉，也是他的诗歌情感十分浓烈的原因。所谓"情于中而形于言"，就是如此吧。

　　家国情怀是诗人诗歌的主旋律。

　　他的作品中有近六十首诗歌是对毛泽东、刘少奇、周恩来、董必武、陈毅等老一辈无产阶级革命家的缅怀和讴歌。诗歌中情感真挚，现在读来还震撼心灵。在怀念周总理的《十里长街动地哀并序》一诗中，他有这样一段叙述："专文纪叙十里长街送总理的沉痛报导，实为古今中外空前绝后之悲壮壮观。读之，难禁凄然泪下，爰赋五律四首，以寄追思之意耳。"在《雨霖铃·哭挽敬爱的周总理逝世》一词中他写道：

　　晴空飞雪，听惊钟震，痛丧英杰。
　　神州泪涌如雨，嗟蓬岛远，音容长诀。
　　德望高隆，谨慎守持正操洁。
　　顾往史，尤胜前贤，一片丹心武侯节。
　　艰难勤奋称忠烈，秉威仪，浩气冲霄阙。
　　烟云几度迷暗，驱重雾，海天明月。
　　大厦常支，全仗忠肝义胆犹铁。
　　算此日，无限悲情，忍把啼声咽。

　　诗人把对伟人的敬爱化作了催人泪下的诗篇。

可以说，逸青先生诗歌中的家国情怀和执着向上的是非观很值得大家去思考。

我一直在思考，一个英才俊杰，为什么选择从繁华的扬州归隐家乡，为什么他始终如一地追念早逝的妻子，为什么他的诗歌中流淌着浓厚的家国情怀……我想因为他是诗人，他是有真性情的、有骨气的、有自己的价值观的诗人。无论人们如何评价他的诗歌，他都是一位值得尊重的诗人。

诗歌和诗人是应该受到社会的尊重的。尊重文化不应该只对文化者的身份感兴趣，更多的应该是尊重文化的品位和文化的道德。我们尊重逸青先生，其原因，除了他的诗歌外，还有他的品格。我这里特别想提一下诗人的家族：逸青先生的哥哥传贤老人，又名朴民，是天长了不起的诗人，他的诗歌论著《格律诗浅说》和诗集《容膝斋诗稿》在天长普及了格律诗，影响了天长几代人，为推动天长诗歌的发展做出了重要贡献；传贤老人的嫡孙郑训佐教授是当代中国少有的诗人、书法家；马汉河郑氏家族是天长少有的文化家族。

逸青先生虽然隐居高邮湖边，但他与天长不少文化名人如著名伦理学家周原冰先生、书法名家涂福颐先生、篆刻大师谢德寿先生等都有十分频繁的诗歌往来。他的才华确实感动着这些文化名人，而且大家对他的评价甚高。

我为家乡有这样的先贤而激动，这种激动让我也很冲动，以至于化为一种行动。征得他家人的同意后，我们整理编印出了《逸青诗词》。

写此文怀念逸青先生时，适逢老先生去世三十年（逸青先生于1987年去世）。斯人已逝，其文不泯，这篇文章也算是一种迟到的凭吊吧。

下阿札记

张贤亮来天长

2002年清明后的一个中午，天长市图书馆的纪春华女士正在家门口眯着眼，躺在藤椅上享受着午后的阳光，朦胧中听到有人在说话，声音由远而近。睁眼一看，几个人已来到她面前。其中一个戴着金边眼镜的高个男子对图书馆老楼兴趣很浓，问了她不少关于老楼的往事。谈话间才知道他们是专程从江苏盱眙来看图书馆老楼的。高个男子看到纪春华房中的书桌，笑着叫她备好纸墨，过会来写幅字。接着几个人陪同他，踱着悠闲的步伐，仰着头再次围着图书馆老楼参观。

参观过后，高个男子来到纪春华房中，开始在书桌上写字。纪春华打量着他：高挑，清瘦，衣着整洁，头发齐肩、后梳微卷，谈吐儒雅，绅士风度……愣了半晌的纪春华放好笔墨，只见纸上写着："慎终追远，民德归厚矣。"落款："公元二〇〇二年四月八日拜祖父所建天长县图书馆题《论语》句。张贤亮。""您是著名作家张贤亮？"纪春华惊奇地问道。"是的，"他应道。"您也没盖章？"他说："出门走得急忘带了，要不按个手印？"纪春华连忙摆手笑着说："不用，有您的大名就可以了。"这是张贤亮唯一一次来天长。

陪同张贤亮来天长的盱眙文化局的人介绍，早在1997年，天长文化部门曾请张贤亮为天长市图书馆题词："文章阐道德，石宝蕴光辉。"此次，张贤亮是清明回盱眙祭祖的，一心想看一下祖父张铭在天长任县长时所建的图书楼，就驱车直奔天长而来。张贤亮说就是怕打扰，才选择下班时间来看看的。张贤亮来天长，悄悄地来，又悄悄地回去了。

张贤亮，1936年生于南京，祖籍江苏盱眙，曾任宁夏回族自治区文联主席。代表作有《灵与肉》《绿化树》《男人的一半是女人》等；不少

四 萃玉缥缃中

141

小说被搬上了银幕，如《牧马人》《老人与狗》《肖尔布拉克》《黑炮事件》；立体文学作品有镇北堡西部影城、老银川一条街。张贤亮不是一个纯粹的作家，他是一个富有改革激情、慧眼看世界的知识精英、文化名人和著名作家。他生前还兼文化企业家、文化收藏家、慈善人物、社会政治参与者和改革推动者多重身份，在国内外有一定的知名度。

1955 年，张贤亮带着母亲和妹妹来到宁夏，被安排在贺兰县一个叫京星的村子劳动。不久，他被调到甘肃省委干部文化学校做教师。那时候，宁夏是甘肃省的一个专区，干部文化学校的地址就在今天银川市北门附近。此时的张贤亮已经开始文学创作，他的创作从诗歌开始，偶有作品发表在文学期刊上。他当时一定没有想到，他的人生会定格在这块土地上。去银川旅游的人肯定要去镇北堡西部影城，它是中国十大影视基地之一，也是张贤亮投入半生心血的地方。

张贤亮的祖父张铭，早年参加过同盟会，先后获得过美国芝加哥大学和华盛顿大学两个法学硕士学位，回国后曾任安徽省长公署秘书、天长县长。张铭在天长任县长时才三十三岁，意气风发，励志干事。尽管在天长只任职两年，但他为唤起对天长教育的改造，自己捐银五千两，在安徽省率先建起了第一座图书楼，1922 年 9 月 1 日落成，他亲自用篆书题写了"图书馆"三个字。其是天长现存老建筑之一，更是国内现存为数不多的民国时期的公共图书馆。

现在看来，张贤亮的祖父张铭实实在在为天长做了一件功德无量的事情，或许这也是一个世纪以来，天长的文化教育一直有声有色的原因之一。图书馆的建成，张铭得到了时任民国教育总长黄郛的嘉奖，省长吕调元也发来贺电，天长百姓亦对他表示尊重和感激。长兴乡的廪生姚遇春见证了这一盛事，并作《天长公园图书馆落成诗以记之并步疾尘韵四首》，其中一首诗是这样写的："宦海茫茫得我公，千秋吏治叹前空。槁苗勃发来甘雨，小草敷荣畅惠风。花落讼闲觇雅化，棠留荫远表丰功。但教枳棘栖惊凤，莫任归来菊径东。"

天长人一直记着捐钱建图书馆的老县长，也一直关注着他的后人。2013 年 9 月，天长籍小说家钱玉亮专门去银川拜访了张贤亮。

钱玉亮在他的《亮锃锃的张贤亮》一文中是这样评价他所见到的张贤亮的："见到张贤亮，第一感觉就是一个字：亮！大凡大家……眉宇间总有一种大气象，同样是人，'质地'就是不一样。已年届七十七岁的张贤亮，依然气宇轩昂，上下纤尘不染，干净、锃亮得像一件珍品瓷器。"天长想请张贤亮来参加天长市博物馆的老电影海报展开幕式，并为展览题名；还想请张贤亮在新落成的天长市图书馆大楼内作一堂文学报告；种种原因皆没有成行，但他欣然为展览题写了"昨夜星光"四个大字，并表示，以后回乡祭祖，一定再去看看修缮后的天长老图书馆。

　　天未遂愿，一年后，即 2014 年 9 月，张贤亮因肺病在银川去世，享年七十八岁。钱玉亮在文章结尾处这样感慨："大坷大坎，大风大浪，大功大成，大富大贵，人这一辈子能活到张贤亮这份上，两个字：漂亮！"

　　2022 年 9 月，天长老图书馆正好建成一百周年，也是张贤亮来过天长二十年。无论从文化教育角度还是从历史传承角度，或许我们还是要做点什么，一个更加人文的天长就应该从这里出发。

美哉，何仿

1997年香港回归和1999年澳门回归的交接仪式上，中方乐队所奏的乐曲中都有一首《茉莉花》。这首乐曲的搜集加工整理者是我们天长石梁人、军旅作曲家何仿。

2005年一个秋高气爽的日子，何仿先生应地方党委、政府的邀请回到家乡天长。我非常荣幸地和地方文联的同志一起，与何老先生进行了面对面的交流，对他的家世和成长经历有了更深的了解；老先生还对我的诗集《亲情伞》给予了很高的评价，并提出了意见和建议。

一、西乡何氏

何仿于1928年2月出生在天长县城西、白塔河边汊涧镇一个名叫何庄的小村子。

何氏家族从庐江迁到天长何庄已经历了十七世。何氏家族为书香门第，家族内有一副对联非常自豪地向世人宣告了何氏深厚的家传渊源：

十七世诗书立本，五百年忠厚传家。

天长民间有一个传说：何仿的高祖何秉钧在清代雍正年间，因督运皇粮船翻粮丢，被朝廷判处斩刑，何家以全部家产抵罪方免一死。何仿的曾祖何锡琳卧薪尝胆发愤图强，既耕又读兼经商，经过几十年拼搏，不但在经济上翻了身，还把儿子培养成秀才郎，"何公馆"的牌匾又重新得以挂上。

科举取士制度在清末废除，何仿的父亲何开鑑不再苦读四书五经，而是长期订阅上海《申报》及新潮书刊。他还把南京章姓的表哥表弟在美国、德国头戴博士帽、身穿博士服的照片高挂在房间里，希冀子女勤奋攻读，将来能考入南京金陵大学，继而留洋深造，既能光宗耀祖，更可为国为民。

何仿排行老二，原名何孝元。1937年夏天，九岁的何仿读完了小学四年级。七七事变爆发后，学校被迫停办，他也举家逃难。待局势稍缓后，何仿的父母到汉涧镇请来教书先生许嗣宗，在何庄家中办起了新式私塾学堂。

不久，由新四军创办的淮南联合中学成立。淮南联合中学位于来安县半塔集，已是何庄儿童团长的何孝元向父母提出去淮南联合中学读书的要求，父亲担忧未允。1941年一个初春的凌晨，家人还在熟睡，十三岁的何孝元留了一张纸条告知父母后，就和同学何奉先、何大治一道直奔淮南联合中学。

何仿这个名字也是从这个时候开始启用的。他和何奉先闭上眼睛，翻开字典，指字为准。结果何孝元改名何仿，何奉先改名何仅。

就在何仿离家出走的那天早晨，父母派人从大路追赶未果；翌日，父亲何开鑑的亲笔书信就送到淮南联合中学，盼望他回家相聚。何仿认为忠孝不能两全，于是含泪婉言拒绝。

二、艺术禀赋

何仿虽生活在偏僻的何庄，何母许贞桂却是汉涧街上的大家闺秀。她经常哼唱民歌小调，带着子女观灯看戏。天长县有不少地方戏，也常有戏剧团到乡间演戏。20世纪30年代，六合县金牛山附近有个洪山戏剧团就经常到这里演出。

何仿从小耳濡目染的就是戏文和小调。到淮南联合中学后，他各门功课的成绩都名列前茅。尤其是音乐课，他学习拉胡琴和乐理知识，能听曲记谱、识谱演唱；很快，他就成了校合唱队的队长兼指挥。

1942年5月1日，何仿参加了新四军，先后在少年工作团、大众剧团，演戏、拉胡琴、敲板鼓、唱歌、跳舞、指挥。

为顺应"文艺大众化"的方向，淮南大众剧团开始借鉴民间艺术，创新编演现代"洪山戏"。为便于行动，剧团精简后只剩下二十人，何仿在列。

这支剧团来到六合县境内，选用当地流行的民歌小调，发动大家填新词。在集镇逢集日，上街表演，受到群众的欢迎。春节将临，剧团的演员们把"跑旱船"现炒现卖改成了"玩花船"，成为淮南大众剧团的金牌节目。他们擅长现抓当场见闻、立马和观众互动，说唱的全是当地的新人新事。一时间，新四军的文艺演出广受欢迎。

淮南大众剧团的节目越来越多，曲调渐渐不够用。为收集更多的民间小调，十四岁的何仿在金牛山"百牛徐"村旁边找到了一个民间艺人徐善田，他把一曲地方民歌《鲜花调》，演绎得缠绵多情。《鲜花调》版本五花八门，却都以"好一朵茉莉花"开头，因此又被称为《好一朵茉莉花》。何仿把老艺人唱的词曲旋律记在日记本上，藏在心中。后来日记本虽不幸丢失了，词和曲却一直印在何仿的脑海中。

三、凯歌阵阵

新四军从建立那天起，就吸引了众多的文化艺术大家。新四军军部到苏北后，许多有影响的文化人从全国各地来到新四军军部和华中解放区，形成浓郁的文艺氛围。受此影响，淮南大众剧团形成了人人动手创作、个个争当多面手的良好风气。

1946年冬，何仿已是华中军区政治部文工团的音乐组长，后又随团先后参加了"莱芜战役""孟良崮战役""胶东保卫战""豫东战役""济南战役""淮海战役"。他和所有的文工团员一样，全部战斗化。部队行军时，他们要教唱歌、讲故事、说快板；在激烈的战斗中，他们要顶着枪林弹雨到战壕里收集英雄事迹，并编成节目用于宣传；战斗紧张时，他们还帮助转运伤员，押解和教育俘虏。

在紧张的战斗之中，何仿始终没有丢下音乐创作。他在孟良崮战役中创作歌曲《去掉一个大祸害》；在参加莱芜战役时创作歌曲《先苦后甜》，荣立三等功；1947年冬，为影响极大的广场歌舞《大翻身》作曲，

146

荣立二等功；1948年夏，在豫东战役中，刚满二十岁的何仿又立了三等功。其中，由哥哥何捷明编词、何仿谱曲的《民兵之歌》，很快就流传开来，后来被收入《抗日战争歌曲选集》。

新中国成立后，全国首届文代会在怀仁堂开幕。文工二团演唱《淮海战役组歌》，是由何仿组织排练，并担任指挥。《万众一心，大军向前》是组歌的第一首，何仿本人也参与了这首歌曲的创作。演唱中，他指挥动作准确干脆利落，充满激情。组歌表演反响热烈，掌声经久不息，还得到毛主席的称赞。1964年，何仿又被大型音乐舞蹈史诗《东方红》聘为指挥之一，再一次为毛主席和中央首长演出。新中国成立十五周年的庆祝活动中，他又在北京人民大会堂向党和国家领导人汇报演出。

何仿作词、谱曲的《毛泽东的战士人民的兵》，获华东军区政治部歌曲创作二等奖，出了唱片，一时广为流传。何仿用新学的作曲手法为程今作词的《慰问前方战士——献给志愿军同志们》谱曲，被中国人民赴朝慰问团选用。何仿在岱山岛铁板沙为洛辛作词的《前进在陆地天空海洋》作曲，此歌两次获三等奖，还出了唱片。

1956年，何仿在德国向专家学习指挥。经过一年的专业深造，不但指挥水平更加专业化，而且音乐创作中西合璧。次年，何仿写出了男声小合唱《五个炊事兵》，出了唱片，获三等奖。

除以上作品外，何仿还在20世纪60年代创作了《郭兴福教学方法好》、80年代创作了《社会主义，我心中的花》（任红举词）等高质量的歌曲。

四、《茉莉花》开

1957年秋，何仿到南京军区（现已改编为东部战区）前线歌舞团后任歌队队长兼合唱指挥。除指挥《雨花台》等两首合唱外，还要指导具有民族风格和地区特色的"民歌小组唱"的排练。

当时的南京军区覆盖浙江、安徽、江苏三省，何仿精选了安徽民歌《姐在田里薅豆棵》、浙江民歌《李三宝》，江苏民歌选什么呢？何仿想起十五年前搜集的《鲜花调》，将其改词改曲，并把歌名《鲜花调》改成

《茉莉花》。

《茉莉花》在全军文艺调演的舞台上首演成功，出了唱片，被广泛传播。1959年，周恩来总理亲自审定由前线歌舞团带着这首歌，参加在奥地利维也纳举办的"第七届世界青年与学生和平友谊联欢节"。临行前，何仿又修改歌词，反复精心排练，从此定稿。和原来的《鲜花调》比较，《茉莉花》的主题有了脱胎换骨的改造。

《茉莉花》在维也纳歌剧院和奥地利政府大厦广场等地的演唱大获成功；随后，《茉莉花》又"香飘"莫斯科、布达佩斯、华沙等国际城市；1965年，《茉莉花》随周恩来总理唱到万隆、雅加达、金边；1982年，《茉莉花》被收进亚太地区音乐教材，成为联合国教科文组织向世界各国人民推荐的优秀歌曲。

何仿自十四岁到淮南大众剧团，1961年起任前线歌舞团副团长，1975年起任前线歌舞团团长、艺术指导，直至1988年离休，先后荣获"独立功勋荣誉章""解放奖章"，并荣立二等功一次、三等功三次。他除创作歌曲外，还在团队建设和培养新人方面投入精力，为前线歌舞团创作了大批优秀节目，培养了大批人才。

虽然一生荣誉无数，但我想，在何仿心中，永远忘不掉的应该是1942年冬季的那个雨天吧——那一天，六合县金牛山下，一位老艺人拉琴而唱《鲜花调》，曲调委婉，歌声优美，十四岁的何仿被深深吸引。谁曾想到，十五年后，中国人民乃至世界人民又被何仿的《茉莉花》吸引了呢。

2013年9月，八十五岁的何仿先生因病去世，但是柔和优美的《茉莉花》一直在传唱，滋养了无数人的心灵。

为了表彰何仿对家乡民谣音乐的贡献，石梁还专门为他建立了纪念馆，中国书法家协会主席孙晓云亲自题写牌匾。

"好一朵茉莉花，好一朵茉莉花，满园花开香也香不过它……"《茉莉花》永恒，德艺双馨的您——何仿先生，一直都如茉莉花一样美丽芬芳，长留在人们心中。

袁晓园的天长情结

1936 年，从法国留学归来的袁晓园被任命为厦门税务局副局长，三十五岁的袁晓园成为我国第一位女税务官。

袁晓园，江苏武进人，1901 年出生于翰苑之家。其祖父袁学昌为光绪五年（1879）举人，历任全椒知县、湖南提法使；祖母曾懿为清末著名女中医暨女诗人；二伯父袁励准为末代翰林，做过宣统皇帝的老师；父亲袁励衡是民国初有名的银行家，主持当年的交通银行。这些只是上辈的情况，袁晓园的姊妹也很厉害，四妹袁静是《新儿女英雄传》的作者，大名鼎鼎的作家琼瑶是三妹袁行恕的女儿。袁晓园的家庭可谓书香世家，人才辈出，是中国近现代史上名声显赫之家。

身为名门闺秀的袁晓园三岁吟诗，四岁习画，初见才女端倪。二十岁只身赴上海，在刘海粟艺术学校学习。二十六岁，与林风眠先生一起举办画展，台湾商务印书馆发行的《民国书画家汇传》一书中，即有她的大名。她是我国知名的女书画家。四十五岁，任民国政府驻印度加尔各答领事馆副领事，袁晓园是我国第一位女外交官。1948 年，与丈夫叶南脱离国民政府，赴美国定居。那么，名声如此之大的袁晓园和天长有什么样的情结呢？

2012 年版《天长市志》第二十三篇《人物》中，关于叶漳民的记述引起了我的关注。叶漳民原名张漳民，天长县金集人，后被叶南（国民党元老叶楚伧之子）、袁晓园（中国第一位女外交官、税务官）夫妇收养，改称叶漳民。问题又来了，叶南、袁晓园为什么要收养天长的张漳民呢？原来，袁晓园的第一任丈夫是张铸，他是安徽省天长县人，因他在家里兄弟排行第九，美誉为"天长地久"。张铸毕业于北京大学矿业专业，毕业后在河南焦作煤矿工作，袁晓园因她的家庭老师介绍而与张铸相识，并建立了恋爱关系。她的父母也对张铸较为满意，故同意了这门婚事。袁晓园与张铸结婚后一起去了河南焦作煤矿，开始了新婚后的甜蜜生活。这么一个重大信息在袁晓园的个人自传中是没有的，通过多方走访，以及和一些文史研究者探讨，才终于还原了这一段史实。

张铸，1899年出生于天长县的金集张营，他的父亲张百城是清末时天长出的三个知县之一（另两个分别是孙石城、郁巨川）。提到张百城不得不多说几句。张百城，字子筼，光绪二十三年（1897）举人，任过清朝兵部主事，后任山东即墨知县，为官清廉。张百城十分精通诗词歌赋和对联，袁晓园的祖父袁学昌去世时，张百城还专门写过一副挽联，通过文字表达哀伤之情。天长市文史研究者戴之明先生和闵济林先生合编的《蝶梦鹃痕》一书中有两副挽联。其中一副是张百城挽同僚孙书城的联，上联：宦游回忆旅京，八年亲炙，倍荷优容，同难困夷纷，蓟北风烟如昨日；下联：问疾惊逢易箦，数语弥留，犹蒙眷注，大招续楚些，淮南山色不成春。从挽联的内容和形式看，对仗、用典、立意、情感都十分到位，文字驾驭力和文学水平确实很高。这样的评价，在另一副郁巨川挽张百城的联中也得到了证实，该联是这样写的，上联：在世交为先进，在戚谊为长亲，溯燕齐宦辙同来，异地情怀逾骨肉；下联：论学术为宿儒，论官声为循吏，痛南北音尘阔别，从今怅惘隔人天。应该说，称张百城"学术为宿儒"还是有出处的。

张铸年幼聪颖，学习成绩优秀，二十二岁从北京大学毕业，与袁晓园门当户对，可谓郎才女貌，比翼双飞。张铸与袁晓园结婚不到一年，从小体弱多病的张铸就得了肺痨病，不得不回到天长金集老家养病。此时正值中国新思潮风起云涌之际，二十岁的袁晓园冲破家庭束缚，毅然到了上海，考取了刘海粟艺术学校。一年后，袁晓园参加江苏省矿业厅中文秘书的应征，凭借深厚的文化功底，以第一名的成绩成为江苏省矿业厅长何玉书的中文秘书。

在这期间，她与张铸的婚姻还一直保持着，直到1929年冬，张铸的病情危重时，袁晓园最后一次来到天长。据金集镇张营村老人回忆，袁晓园是骑着一匹白马来到金集张营的。面对病危的丈夫，袁晓园心如刀绞。因为婚后一直没有孩子，为了将来死后好有人能为他上坟，最后时刻，张铸恳请袁晓园收养其哥哥张钰的六岁男孩张漳民为养子，袁晓园含泪答应了张铸并安排好了他的后事。

1930年，带着满身的沧桑，袁晓园安顿好养子张漳民，便留学到法国。在去法国的轮船上，袁晓园认识了相伴其一生的人，即当时江苏省政府主席叶楚伧之子叶南，并在国外结了婚，直到其母亲去世时才又回到了南京。不久，张漳民也由此改为叶漳民。

袁晓园做事十分认真，坚持原则。针对厦门税务局管理存在的漏洞，她牵头制定了管理措施，使税务局的面貌在短时间内焕然一新，但也让那些吃税收饭的人失去了得好处的来源，这些人就想方设法处处刁难袁晓园。尽管当时福建省财政厅的领导很支持她，但工作阻力还是很大。一年后，袁晓园便辞去了厦门税务局副局长的职务。

离职后的袁晓园和叶南一道又一次去了法国留学。全面抗战期间，袁晓园心系祖国，不遗余力地奔走呼吁，说服华侨开展募捐，受到了社会各界的普遍好评。新中国成立后，旅居美国的袁晓园积极奔走，为中美关系的发展做出了一定贡献。期间，为了让汉字成为国际通用文字，她利用一切业余时间研究汉字的改革，经过几十年的艰难摸索，终于成功研究出一套"袁氏拼音方案"，这一改革受到了周恩来总理的赞扬和推崇。

1985年，袁晓园放弃美国国籍，回到阔别许久的祖国定居。1997年12月，她在南京的金陵饭店成功举办了"袁晓园女史诗书画"个人书画展，一时引起文艺界的轰动。天长籍著名音乐家何仿（民歌《茉莉花》的搜集加工整理者，改编自《鲜花调》）应邀参加了此次书画展，天长市文史研究者戴之明先生正好在做《天长文史》的淮南抗战歌曲专辑，来拜访何仿，随同观看了书画展，且至今还保留着当年书画展的门票。袁晓园一百岁时，曾为叶漳民的同胞弟弟、大学教授张汶明书写过一副对联：为高等教育鞠躬尽瘁，做深层研讨教书育人；题跋：汶明贤侄惠存；落款：百岁袁晓园书于金陵。作为一位女书画家，袁晓园追求的是水墨画文化意境。她的作品富有艺术气息，也充满着灵性，赋予书画作品自然的生命力，它是动态的、变化的，这是中国书画的灵魂。

袁晓园十分疼爱养子叶漳民，竭尽全力地关爱他的成长。张铸去世后，袁晓园带着养子叶漳民回到了南京。留学法国期间，便妥善地安排养子和亲生父母一起生活。全面抗战期间，叶漳民先在重庆中学读书，此后袁晓园又把他带到身边。叶漳民十八岁时被送去美国留学，获麻省理工学院机械系博士学位。1982年，受养母影响正式投入汉语拼音改革，研究方向是"三拼"（其养母研究方向是"双拼"）。2005年，在美国有自己的拼字公司，主要研究开发最简易的汉字拼音软件，解决中国汉字拼写问题。

2003年11月17日，一百零三岁的袁晓园在南京去世。在养母的葬礼上，叶漳民深情回忆："母亲是一个了不起的人！她小时候没有接受过正式教育。二十岁那年在上海艺专的一年学习，奠定了她绘画的基础。我所研究的汉字拼音软件纯粹是受母亲的影响，母亲对中国语言文字的改革贡献很大。"

寻踪骆宾王

在冷雨绵绵的清秋，我的心里却如沐春阳。应义乌骆宾王文化研究会之邀，我又一次来到义乌，参加研究会会长骆承栋先生的《千古咏鹅翰墨天歌——骆宾王诗文钢笔字帖》一书的首发式。

与义乌结缘而两次相访，都是为追寻骆宾王的遗踪。

我第一次到义乌是2017年8月初。

七岁便因《咏鹅》诗而被誉为神童的骆宾王是义乌人，初唐四杰之一，更因创作了《在狱咏蝉》等诗和《代李敬业讨武曌檄》等不朽名篇而光耀千古。义乌专门成立了骆宾王文化研究会。研究会秘书长吴奎福先生在拜访浙江师范大学原校长骆祥发老先生时，老先生向他介绍了我。于是吴秘书长特意打电话与我联系并发来图片，介绍骆宾王研究会的情况。可以说，我与吴先生虽未谋面，却神交已久；也因为通过与吴先生的交流互动、彼此了解，促成了我2017年8月初的这次义乌之旅。

我与骆祥发老先生从2005年开始熟悉，至今已十多年了。我们是因为对骆宾王的研究而兴趣相投。当年中央电视台采访老先生，老先生谈及"骆宾王失踪之谜"——唐光宅元年（684）徐敬业扬州起兵，骆宾王为他写了一篇《代李敬业讨武曌檄》后，下落不明，说法很多。

我结合我们家乡的习俗和方志，对骆老先生的推断，提出了一些不同意见，并写信向骆老先生阐述了我的观点，指出骆宾王最终失踪的地方可能是在高邮湖西的天长。骆老先生没有否定，还鼓励我写成研究论文。几个月后，我寄去诗歌《寻找骆宾王》和考论文章《曲项向天歌——骆宾王失踪之谜》，老先生在回信中给予了充分肯定。

2015年，天长搞美丽乡村建设，在热心人士的支持下，我们把一座旧寺庙改造成骆宾王祠，以增加人们对这段历史的直观记忆。

天长建骆宾王祠，许多人是不理解甚至有异议的。因为唐光宅元年（684），天长县还没有设置。扬州地方志及高邮县志中记述的徐敬业起兵是在扬州或高邮的湖区，与天长无关。但是，最终导致兵败的下阿溪之战发生在后来的天长县境内，嘉庆《备修天长县志稿》记载骆宾王在这一场战役中失踪，也是不争的事实。所以，挖掘骆宾王与天长的这段情缘，应该是天长人，特别是天长籍文化人的一种责任，更何况骆氏后裔还十分赞成呢。骆老先生在信中这样写道："下阿溪在天长境内，这是不争的事实。当地的史志也有记载。骆宾王在下阿溪失踪这一历史课题，你们研究得很好。在天长建骆宾王祠是一件大好事，既可弘扬骆宾王的道德文章，又可做好地方文化建设。"

骆宾王祠是一座两进四合院，大门口的对联是：

> 露重难飞，真心凌晚桂；
> 风多沉响，劲节掩寒松。

正堂对联是：

> 咏鹅玩月，数声蝉唱千秋颂；
> 哭土扶孤，一纸檄文十万兵。

这两副对联是我与文友合作而成，内容均源自骆宾王生平或诗句，分别由中国书法家协会会员、隶书高手、全椒人夏继德先生和江苏省文史研究馆馆员、中国书法家协会会员、徐州书画院原书记晁岱卫先生所书。正堂上的骆宾王塑像由苏州匠人根据史料描述而塑，既有金戈铁马的英雄气概，又有狷介高古的文人风骨。

作为骆氏后人，老先生知悉此事，喜悦之情可想而知。他随即寄给我由他本人创作的《骆宾王全传》《骆宾王诗词典故》等书，并撰对联一副：

一代文宗四杰令名传天下，

　　千秋英哲扬州义檄震寰中。

　　这一切，都成了我的家乡马汊河一个有力史证和文化亮点；也是我从家乡出发，追溯到义乌去寻找骆宾王文化遗踪的动力。

　　吴秘书长一听我到了，十分激动，不顾大热天的在研究会大门口迎候。他还请来了会长骆承栋先生。承栋先生不苟言笑，有道骨仙风。参观了骆宾王文化研究会的诸多布设后，吴秘书长建议大家留点墨宝，同去的朋友们也不客套，舞墨挥毫。承栋先生先静观不语，在大家再三要求下，我口述一联：

　　一檄永传千秋颂，

　　两地共吟宾王诗。

　　他心若有感，挥毫而就。作为中国书法家协会会员，承栋先生的隶书写得很纯正，笔法圆劲而疏朗，笔意怡然而冲和，结体简约而质朴。他的硬笔书法作品更显得朴拙厚重、古意盎然，线条流畅，势猛而不失雅逸。而此时，他笔之所至，遒劲有力，既承王氏之老练，又有欧体之风范，行中有草，草中带隶，在场的人赞不绝口。

　　中午，承栋先生请我们在土菜馆小聚。餐桌上他告诉我，2016年底，他当选为义乌市骆宾王文化研究会会长后，便决定挑选骆宾王的代表性诗文，用钢笔书法的形式出版一本字帖，供练习书法者参考，并盛情邀约我参加发行会，我一口应诺。

　　这就有了我二至义乌的清秋之行，一场纯粹的文化之旅。

　　《千古咏鹅 翰墨天歌——骆宾王诗文钢笔字帖》，共录写骆宾王诗文四十六篇，承栋先生以真、草、行、隶、篆五种书体创作。书作背景素洁淡雅，布局方圆各异，极耐欣赏。"在相当长的一段时间里，骆承栋热衷于钢笔书法的练习，并在全国性钢笔书法比赛中获得一、二、三等奖三十多次，"同来参加发行会的骆祥发老先生这样评价，"由骆承栋来创作这样一本钢笔字帖，可以说是实至名归……"

参会期间，在义乌朋友们的陪同下，我们还走进了骆宾王公园、孝子祠、义乌博物馆。骆宾王公园在骆家塘一带，是一座精巧的仿唐文化公园，如大隐隐于闹市之中。不论仿唐的照壁、戏水的群鹅，还是玲珑的亭榭、曲折的廊桥，都宁静、安然。历史总是能让人油然而生思古幽情的。走过劲节虚怀、咏鹅、风潇水寒、白云精舍、云林幽居等园区，咏读着几乎随处可见的、与骆宾王相关的门廊亭阁上的匾额及诗文词联，你能在漫步中回顾、慨叹历史上的功过成败，思索当下的动静行止，给脚下一个方向，给自己一个定位，深悟不忘初心的内涵。

义乌十分重视骆宾王文化研究，骆宾王公园、宾王路、宾王中学、宾王小学等与骆宾王相关的文化设施和机构等，彰显了义乌人对骆宾王的推崇与追慕。这既扩大了骆宾王的文化影响，也提升了义乌的文化品位。

义乌和天长，颇有渊源。除了骆宾王出生在义乌，失踪于天长外，另一个义乌名人宗泽也和天长有关联——在义乌博物馆的十大义乌名人中，我看到了宗泽的介绍：南宋著名抗金英雄，葬在镇江……戎马倥偬的战斗生涯中，他曾转战过天长。嘉庆《备修天长县志稿》载，天长崇氏为宗泽的后代。

义乌人是智慧的，义乌小商品市场影响全球，成为国际商都。义乌的文化地位也很高。习近平总书记讲蘸墨汁吃粽子故事的主人公陈望道——《辞海》的主编、《共产党宣言》中文翻译的第一人，也是义乌人。天长与义乌有诸多相似元素。天长的电子产品走向了世界，经济也在全国同类县市领先。天长古有状元、孝子，今有科学、文化专家……更为巧合的是，2017年全国文明城市的申报，义乌和天长都跻身其间——我们在祝愿两地经济再迅猛发展的同时，更期盼两地加强文化研究、文化交流、文化合作，形成弘扬优秀传统文化的合力，开启两地更紧密而长久的联系。

千年的时空火把，照亮幽深的历史隧道。义乌和天长，一个在这头，一个在那头。寻踪骆宾王，短暂的义乌之行是一次长长的、值得珍惜与回味的文化之旅。

画外之话

那天天很热，王立成捧着他的《天官画集》到我办公室来，让我写篇文章。他流着汗，恳切地看着我；我愣了半天，也流下了汗。好在我很自信！

诗书画是相通的，画是有形诗，诗是无形画，有形与无形都是某一种存在的线条。有形的线条流淌在大自然，所谓"天地有正气，杂然赋流形"（文天祥《正气歌》）。无形的线条存在于我们的思维中：王国维《人间词话》中说的有我之境与无我之境，是诗歌中的线条；画中，尤其是中国画，当然，也包括中国比较传统的天官画，也追求自己内在的线条能达到这种境界。

天官画作为安徽三大民间画之一，经过历代民间艺人的传承和发扬，逐渐形成了自己独特的风格。它汲取了工笔画的技法，又融入了佛、道两教的情怀，尤其是取法敦煌画的色彩元素，所以在生活中得到了一部分信徒的追捧、模仿甚至崇拜。美学家宗白华在《略谈敦煌艺术的意义与价值》一文中说，中国艺术有三个方向与境界：第一个是礼教、伦理的方向，自汉代到东晋有之；第二个是唐宋以来笃爱自然界的山水花鸟；第三个是从六朝到晚唐宋初的丰富的宗教艺术。从天官画的历史来看，它应该是礼教与宗教的结合体。

画既是视觉的艺术，更是精神的寄托。天官画重于后者。天官画以人物为中心，人像的着重点不在于人物的衣着，而在于人物飘荡的带纹映射出的人与宇宙的和谐。无论是层叠的祥云还是足下波浪上的莲座，都凸显出人物的庄严——这是展示在人们面前的天官画与其他中国画的主要区别："中国风"文化内涵较强，让人的思想和情感回到古老的

四　萃玉缥缃中

从前。

慢慢地翻着立成的《天官画集》，我的眼前展现出一幅幅精美的人物像、一朵朵飘逸的彩云、一层层舞动的柔波，线条在他的笔墨下如此流畅，有如神来！

从美学角度而言，人物画无边的空间才能彰显人物的灵性与自然。天官画的空间意识很强。作为非物质文化遗产，天官画通过祥云与彩带、波浪与莲花、重叠的人物等有限的线条，给人以无限的想象，让每一个看到它的人都忍不住打开思想的阀门：那无际的云海中，"我"在哪里？

我和立成都是马汉河人，马汉河是天长的天官画发源地之一。立成的爷爷王鸿池、父亲王智涧都是天官画的传人，他家这一支王姓来自高邮。追本溯源，他家是天官画的嫡系传承人，天长不少人是在他家学的。他家现存很多天官画底稿，不少还是清晚期和民国时期的。读小学时，我与他同坐一条凳子上，他经常带着家中的天官画底稿当作数学草稿纸——可以说天官画与我也是结缘数十年，我能不知晓吗？

立成画天官画三十多载，多用于养家糊口，但他秉承传统画法，传承线条上象征意义的表达，可谓坚守了中国传统画的根基。有人曾提出要像画山水一样画天官画，立成说如果那样的话，天官画就不是非物质文化遗产了。艺术源于生活又高于生活，立成家几代人作为省级非物质文化遗产的传承人，为天官画生命力的延续立下了汗马功劳。艺术的高手在民间，就像王立成。

江山万古，文化千秋。大自然对于人类而言，有着太多的神奇，当我们的能力无法打开这些神奇之处时，用艺术的手法去构思我们的世界，这是人类最大的智慧，天官画也正是具有这样的艺术特点和作用。作为传统的中国画，天官画是人类渴望和谐、追求美好生活的一种艺术表达形式，是能工巧匠、艺术大师们以内心的感悟去认知世界、了解自然、实现理想的方式，这里面不仅有物质的，更有精神的。正是具有了强大的精神内核，天官画才能坚守中国传统画的根基，迸发出如此强大的生命力，传承至今未衰。

活着，我们应该有这样一个精神的乐园！

笔到随心处　画到自然时

——记画家姜明

在中国书画史上，不乏天资聪颖、年少成名的大师，也不乏大器晚成、勤奋进取的大家。他们的艺术作品历久弥香。探究他们的人生历程，我们发现，所谓成功的原因，只有坚持！

我的同宗、画家姜明先生应该算是后者，他创作的中国画多次入选国家级展览，并多次获奖。他的作品被各大美术馆、博物馆等机构收藏。他以辛勤的汗水、不懈的坚持，创造了他的人生奇迹。

所有的文化艺术都很讲究个人的志趣。这一点在姜明先生身上尤为突出。我认识姜明是在多年前的一篇报告文学《小草之歌》，其讲述了姜明二十多岁创办"春草画社"的故事。给我印象最深的是他对绘画的痴迷。姜明七岁时就爱上了画画，一直坚持到初中。但在那物资匮乏的年代，画画成了他奢侈的梦想。初中二年级那年，因家中无法承担学费，姜明只得进了天长市青艺扬剧团，带着无奈的心情离开了校门。在青艺扬剧团六年的演出生涯中，他每晚做的梦都是在学校读书。求知的欲望让他每天除了演出就是看书学习——他拼命地补充知识，练习绘画。在困境中，他在手臂上画过，在练功裤上画过，甚至还无师自通学会了素描。

尽管如此，作为一个有追求的年轻人，姜明始终觉得自己被一块石头压着，理想在不停地向他召唤。有一天，他看到了《中国青年》杂志上的一段话："朋友，当你感到这条路很难走的时候，可能只是因为你穿了一双不合脚的鞋。"这段话仿佛醍醐灌顶，儿时的画家梦一下子被唤醒，他毅然辞去了剧团工作，走上了专业绘画的道路。

磨难历练人，也把机遇给了人。二十三岁那年离开剧团的姜明，有

159

幸遇到了一位恩师——民间画家阙真金先生。阙先生教会他如何做一个专业的画者。但短短三个月学徒生涯后，姜明被迫选择了回乡，贫困的家庭还需要他的支撑。姜明经过反复思考，选择了与绘画很接近的职业——为民间画中堂。当时百废待兴，传统的文化作品百姓都十分喜欢，姜明的绘画手艺得到了有效发挥。

经过多年的打拼，姜明彻底解决了一家人的温饱问题。弹指间，姜明也已到不惑之年。一次半夜醒来，一轮明月挂在窗前，美丽的画面一下子让他回想起童年。八岁那年，姜明随父亲送菜牛到扬州交易，行至秦栏，已是晚上，菜牛突然奄奄一息，父亲急忙回天长找人帮忙，丢下姜明一个人伴着老牛。夏日的夜晚，明月当头，仰望长空，小姜明并不孤独，月亮的陪伴，反而让他更喜欢这如诗如画的月夜。三十多年后，一个人又如此面对明月，他那颗忙碌的心猛然一惊，萦绕在他心中多年的画家梦，像岩浆一样喷发。他要觉醒，他要重生！

姜明决定事业清零，一切重新开始。

学绘画就像练武功，一定要学古人技法，尤其是画山水，临摹是学习古人绘画技法最好的途径。从未学过中国山水画的姜明深知这个道理，他一边开始系统地学习中国山水画的传统技巧，临摹历代名家的作品；一边不停地研读传统绘画方面的理论文章。经历三年多时间精心临摹，姜明始终觉得提高太慢。2006年，为了进一步学习中国传统山水画技巧，他选择去中国美术学院进修，拜在张伟平、林梅钟等教授门下，老师们严谨专业的教学让他认识到，中国绘画的技巧关键在对线条的运用，线条的急缓、粗细、长短、虚实、干湿等都是绘画的基础。

姜明深深地明白，优秀的绘画作品，必须塑造出动人的形象，结构巧妙、用笔随心、墨彩自然，这是我国绘画创作与绘画评判的重要准则。后来，他的获奖作品《清凉世界》充分验证了这一点。"意在笔先""取象不惑"的背后是深厚的传统绘画功夫，通过娴熟、训练有素的笔墨技法表现出来，让观者能想象到他在作画时已经"成竹在胸"。把山、石、树木、溪、亭画得既精神抖擞又一气呵成，呈现空寂、疏朗、静谧、幽远的境界，表现出画面物象的神采、风骨和气韵。

中国画十分注重写生。南北朝画家谢赫在其绘画"六法"中，就把"应物象形"作为一法。北宋画家范中立所说的"师古人不如师造化"，就指出了以自然为师的重要性。姜明对写生的认识是透彻的。2012年初，他选择远赴广西艺术学院，参加由中国美术家协会副主席黄格胜先生创办的漓江画派高研班。这一次学习彻底改变了姜明绘画的命运。

走写生之路，是黄格胜先生"格物致知"的教学重点。三年多的时间里，随黄先生外出写生，让姜明学习的传统技法在现实中找到了落脚点与创新点。不管是寒风凛冽的冬天，还是酷暑当头的夏日，他都在与大自然对话，让他眼中的山水入心，心中的山水入墨，应该说写生颠覆了他对画理、画法的认知。入选国展作品《苗寨传佳音》《又是一个丰收年》等作品，把古老的苗寨和现代元素巧妙结合，让层层递进的苗寨气韵贯通、节奏感跌宕稳健，物象的结构关系既紧凑结实，又疏朗磊落。章法上开合有度，通过墨色冲、破、积、染等手法，把南方的古寨和湿润的气候表现得淋漓尽致。

作品即人品。2018年，姜明的书画作品就有十一次入选省级和国家级展览，并获大奖。取得如此收获的原因，既有老师的恩宠，更有个人的勤奋。从姜明的多幅作品看，他学绘画不只重技法，更重做人。生活中我们能感受到他为人宽厚、待人真诚、善良豁达，正是这样的人品，让他的画有了一种特殊的蓬勃、稳健、清雄的气息。"路漫漫其修远兮，吾将上下而求索。"我们衷心地祝愿姜明先生在未来绘画艺术创作的道路上越走越宽，越走越远，走出自己的新天地。

四 萃玉缥缃中

好感人的真挚情怀

——序姜培忠诗集《亲情伞》

卞国福

　　姜培忠，听这名字就知道他忠厚、诚实。当和他第一次见面时，果然验证了我的猜测。他将处女诗集《亲情伞》校样稿拿给我，恳切地嘱托我作序，那真诚，那情感，使我发自内心地认真履行为《亲情伞》作序这一神圣责任。

　　我在国庆节期间，几读《亲情伞》，我读着，感动着，思索着。诗集中炽热的诗句，凝结着很浓很厚很柔很重的亲情、乡情、史情、民情、国情，那浓郁、真诚、厚重的情思，真的好感人！这是诗人向我们真切地打开心灵的窗口。这是一位忠厚者的心灵窗口，这是一位真诚的从政者的心灵窗口，这是一位充满人文关怀的诗人的心灵窗口。《亲情伞》中的百余首诗，是从他心灵里迸发出的百余朵心灵之花。从这绽放的百余朵心灵之花中，我感受到诗人真挚炽烈的情怀。这里，展示一些心灵之花，共同领略花姿馨香。

　　花中绽放着历史的沧桑。诗人在《澳门归》诗中写道："箫声声/月重重/四百年沧桑，四百年泪/叫一声：母亲我何时归……歌阵阵/水回回/举杯对月心已醉/喊一声：母亲我已回。"诗中的"叫一声"！饱含着多少屈辱，沉淀着多少悲怆，凝结着诗人厚重的思索。"喊一声"！显得何等高昂、何等清脆、何等喜悦，这欢乐中交织着历史荣辱的复杂情感。在《心底的话》诗中，诗人以质朴、深厚的感情，抒发对党的赞颂。"党啊，我想对您说/您是灯塔，指引我们前进的方向/您是红日，送来了一个又一个辉煌/我的眼前浮现着一幕幕不朽的画卷/我看到南湖上一叶轻舟满载星辉向我驶来/我看到长征路上一座座丰碑在我眼前挺立/我看到江淮大地上一辆辆小车推来了新中国的希望/我看到南京城上一个旧世界的离去，一个新社会的诞生……"诗人浮想联翩的历史画卷，使人从历史和现实中，深切地感受到从党的诞生、发展、壮大，直到建立新中国，党的伟大、光荣、正确。诗人在《历史》一诗中写道："历史是天/遮不住丑陋和罪恶/历史是地/繁衍着美丽与善良……尊重事实/那才是历史的灵魂。"诗里既有历史的厚重，又有对现实的思索，有唯物辩证，有思想内涵，给人以启迪。《寻找骆宾王》一诗写得耐人寻味。骆宾王是我国初唐文坛上的"四杰"之一。在武则天控制朝廷大权，行将登基之际，徐敬业在扬州武装起事，虽然两个月后失败，但骆宾王写的《代李敬业讨武曌檄》仍气力撼人。诗人带着历史的困惑去苦寻骆宾王，看到历史的天幕上曾划过的流光，看到灵隐寺袈裟内的满腔愤懑，想到三寸之笔化作一柄利剑，想到驾着仙鹤飞向南方的家……诗人的正义感在丰富的想象力中自由驰骋。

花中绽放着善良的呼唤。诗人在《二婶的泪水》诗中写道："二婶躺在牛屋的小床上/睁着的眼睛慢慢闭上/在亲人的呼唤中/两行泪水从眼角流下/浸湿了她缕缕白了的鬓发/留下了一个母亲的无奈/留下了一个母亲的善良……二婶的泪水……人们啊，能否给善良献上玫瑰的馨香/让母亲的泪水不再流淌。"这是诗人善良的呼吁，强烈而真挚地呼吁建立和完善社会保障。诗人在《泪，流出来的是思念》诗中写道："远去了的你/留下的悲伤/像一把剑刺痛着我的心/泪流淌出来似一条河/凝聚成/我对你的深深的思念/那飘雨的日子/你曾是一把温馨的伞/遮挡了我的潮湿……"这首诗既夸张又合情，形象、生动、细腻地表达了诗人的深深思念之情。诗人在《亲情伞》诗中写道："清明/我折来一束柳枝/连同上面的一滴泪珠/轻轻地，轻轻地/插在你的坟头/坟/像一把撑着的伞/隔你在伞内/在青青的国度/隔我在伞外/在阳光与雨水的世界……一把坚实的亲情伞/曾遮挡/我少年时的风风雨雨……你永远撑着那把伞/守着你青青的国度/做着一个男人少年时的梦。"诗人把父辈的抚育、关怀，比喻像伞一样，时时呵护子女，为子女遮挡风雨，形象的比喻，深情的怀念，跃然纸上。这样的诗，写时动情，读着感人，是不可多得的好诗。

花中绽放着回眸和希望。诗人在《往事》诗中写道："往事并不如烟……随着岁月慢慢飘荡/苦涩时化雨/洗净一身尘埃/快乐时作风/让心自由飞翔。"这首诗语言干净、纯粹，感情细腻、柔和，给人一种自由、闲适之感。在组诗《希望曲》中，诗人通过"序""希望之路""希望自述""永恒之光""蓝天的哨响——希望"，以流畅的语言，有虚有实，直抒胸臆，把美好的希望寄托给人。在两节诗《乡愁》中，诗人沉着而跳跃，轻松而深沉，把昔日的"小街""跳板""旭日""天空""白发""黄土地""白杨"等意象有机结合，合情想象，抒发乡愁，可谓和余光中的《乡愁》有异曲同工之妙。

花中绽放着善良的悟性。《坐禅》一诗，是诗人现实中的浪漫，浪漫中的现实。你看："壮士的叹息/是大海中的落日/沙漠里的飞羽/苍鹰折断的翅膀/诱人的金钱/叠成一把利斧……佛不慈悲/他们曾横刀立马一任驰骋/他们曾长空俯首斗志昂扬/莲花座上/他们也曾经授道、高声宣讲/佛也慈悲……坐禅——面对莲花/披上理性的袈裟/钱，纸也/再多也只能用上面几张/酒，水也……"诗人指出生命匆匆，多想一想，觉悟者回头是岸，贪婪者自食其果。以善良的心，告诫世人。爱憎分明，富有哲理。诗人在《收获》诗中写道："那一张张开具的税票/烙上了我们的笑容/那一笔笔入库的税款/深藏着我们的热情/面对着税收我们是一种激情啊/面对着家庭我们却是那样内疚……"诗人的心是善良的，也是公而忘私的。为了祖国富强，忘我忘私是一种人生的美丽。

花中绽放着哲理的烂漫。诗人在《孺子牛》诗中写道："沉默是我唯一的享受……沉默中我爆发出前进的力量/在我身后的犁铧/耕耘出片片收获的希望。"那吃的是草、干的是重活的牛默默耕耘，诗人借此暗喻人们的奉献精神，值得赞美，应该保护。《劳动遐想》一诗，立意很好，衍生出人类进化、发明、创造，是"劳动使人昂起强者的头颅"，"劳动的吆喝声"，使"地球听懂人类的呼唤"，"吆喝出地球的希望"。在诗人有气魄的畅想中，洋溢着历史唯物主义的深刻思索，从劳动和创造中的辩证思维，迸射出哲理的思想火花。《江南水 女人渡》一诗，是一首历史

165

与现实交叉的随想曲。"春天，随想去江南……江南，最美的是水，水是女人/江南水，女人渡/江南水/荷的水，莲的水，菱的水/沧浪清水，濯洗江南清纯的吴音……"诗人还随想和乾隆皇帝一道去江南。诗里既有历史的想象，也有现实的飘逸。随想——诗意之想，意念之想，历史之想，想得浪漫，折射哲理，给人留下无限思索的空间。

诗集《亲情伞》，是一部有思想、有韵味、有真情的诗集，确实是诗人心灵窗口迸发的花朵，色彩绚丽，芳香温馨。

诗人姜培忠首次见面就坦诚地告诉我，人生要有追求，来到世上不易，应给后人留点东西，留点思考。我认为这种人生境界是高尚的，诗就是诗，诗言志。诗人的语言，并非诗人个人情思发泄的生命形式，因为诗诞生的摇篮是社会。《亲情伞》即是。

历史和现实告诉人们，创作诗歌，是从事真、善、美的崇高的事业。诗人心中的缪斯是多元化的，但寻觅缪斯、钟情缪斯是共同的。只有如此，方可走近缪斯，至于走近的程度，则因人而异。

雪莱说："诗人是生活的导师。"普希金说："诗人是用语言去把人们的心灵照亮。"培忠先生正是用朴实无华、情真意切的语言去感染人、激励人。愿培忠先生创作出更多更美更感人的诗篇，在前进的创作道路上绽放出更加绚丽多姿的花朵。

2005 年 10 月 6 日于合肥寿先书斋

166

醇厚的人生体验 率真的感情抒发

——序姜培忠诗集《笔走黑白》

乔延凤　张器友

安徽天长，人文荟萃，自古至今诗人辈出。如今，又涌现了诗人姜培忠等一批有实力的诗歌创作者。

姜培忠在《安徽文学》《诗歌报》《乡音》等多家报刊发表过多首诗歌作品，出版过诗集《亲情伞》，是安徽省作家协会会员、安徽省民俗学会理事。长期以来，他钟情于诗歌创作，在诗苑里不懈地耕耘。现在，诗人又向诗坛奉献了他的第二部诗集《笔走黑白》。《笔走黑白》编收有诗人的诗作一百多首。咏唱生活，抒发人生哲理，表达热爱故乡、热爱祖国的深情，是这部抒情短章的主题。尽管两部诗集时间跨度较大，诗人的人生经历不同，生活感受不尽一致，审美趣味也有了变化，但是诗人醇厚的人生体验，率真的感情抒发，却是这两部诗集共同的特色。

打开诗集《笔走黑白》，故乡的气息扑面而来，诗人对亲情的怀念、对童年生活的追忆，好像故乡高邮湖的涟漪，层层叠叠。这些诗章，以一种看似平淡的诗句，流淌着浓浓的亲情、淡淡的哀愁，展示了诗人的赤子情怀。诗人恋念人生，自然热爱故乡。《故乡，听二月的低吟》奏出的是怀乡的深情，是对故乡风物的回想、向往与对白发慈母的依恋。热爱故乡的深情必然升华为热爱祖国的激情，在对祖国的讴歌中，诗人运用一连串排比与比喻句，抒发了热爱祖国的深沉真挚的感情。这其中既有面对废墟激起的痛苦、怅惘，又有对家园故址断壁废墟所引起的历史的沉思，更有目睹巍峨的共和国大厦所激发的喜悦、豪迈的激情。

故乡是游子心中永远的爱和痛，姜培忠的乡情诗写得一往情深。诗人在《小麦扬花》诗中写道："小麦扬花/开在心田/青色的一片/花藏在冬天/

附录

167

在我心中/小麦扬花/开着春天的思念/漫长的冬天啊/我有一朵花/藏在那碧绿的原野。"在这首诗中，诗人对故乡的爱，已化为一种信念。

在人生的旅途中，乡情永远是游子心中的一抹暖色、一抹亮色。诗人在《故乡的湖》诗中写道："挂在天空的两滴泪珠……落在我啼哭的梦里/落在我祖辈的手中/何来之泪/让我落泪/让先人落泪/积聚千年/冲走时光冲走村庄/在我情感的山脚下婉言低唱/我在听/父亲在听/先人也在听/我的村庄在听/活着我听/死去了陪我的父亲在听/我爱听你的低吟你的咆哮/我爱你，故乡的湖。"

这首诗，将诗人对故乡的思念，通过湖水，写得荡气回肠。我、父亲、先人、故乡，组成了时间、空间上的立体图像；将人生、历史、生命中许多令人深思的内涵，都呈现在了诗人和读者的眼前——这是一首既有深度又有广度的诗。

在写亲情的诗中，《有一种思念是泪水》是怀念父亲的："那个连诗句都泥泞的早晨/我很悲愤/在坎坷的路上雨水缠着泪水/沧桑的岁月给了我穷尽的思考/父亲/在你皱了褶的人生中/我又将如何修饰……如果还有/还有诗句激昂的岁月/那么我将是一位勇士/跨上时间的快马奔向远方/只为那一滴思念的泪水/穿越时空的界限。"这首诗，将诗人对父亲的深深思念，写得如泪水一样令人心动。

《香樟香》是一首意境很美的爱情诗："疏影暗动的初夏/香樟香/月亮在她眸子里转动/变成一粒晶莹的泪珠/挂在香樟的枝头/坐在树下/手捧着我的月亮/微风轻轻吹过/月亮轻轻地滑落/风吹走了我的她/许久/还闻到她在的五月夜/香樟香。"诗中实写的是香樟树，隐约暗喻的，却是一场未能实现的爱。人生中有许多隐秘的情感，只有当它失去的时候，我们才真正感觉到它的可贵，感觉到久久的心痛。爱得真切，爱得深沉，回想起来，才那么难忘。诗人在诗中选用了香樟树这个意象，是贴切而动人的。一场未能实现的爱，多年以后读起来，仍旧绵绵不尽。

一首好的诗，不仅要有真情，还要有好的表达方式。语言应当是自然的、纯净的、准确的、形象的，也应当是朴素的、美丽的，所谓"一语天然万古新"。我们读过前人那么多脍炙人口的诗篇，能够打动我们的心灵、让我们久久不能释怀的诗句，不都是这样的吗？

诗集《笔走黑白》里的咏物诗，就体现了这样一个共同的特色。这些诗，或咏物抒怀，或借物明理，同样蕴藏着诗人深厚的人生体验。《滴水观音》《笔走黑白》《寻找生命的净土》等属于前一类，即咏物抒怀。《笔走黑白》构思新颖："许多震撼心灵的文字和画面/或许都缺少温暖的情节/委婉地用黑白色调表达/时间掠过的地方/苍白了谁的容颜……所以/我只能笔走黑白/悲或喜着生命的感悟。"

无论是咏物抒怀，还是借物明理，诗人都能在深入观察事物的基础上，体物入微，抓住事物的特征，作生动形象的抒写，因而他的咏物诗笔致生动、形象鲜明，情、理与事物，达到了交融、渗透的化境。如《灵魂的绿化》诗中写道："心灵的土地一望无垠/远处站着受伤的垂柳/为感情/或为她们的理想……我的灵魂不是荒原/在心灵深处更深处/你会发现/一棵棵白杨屹立/为明天守护着最后的绿地。"这些咏物诗有着较高的艺术成就，是姜培忠对当代诗坛的贡献。

诗人热爱生活，也钟爱诗歌。他注意从生活中撷取诗情，提炼诗意。在艺术上，他追求自然清新、活泼流畅。姜培忠曾自述："爱读能懂的诗，爱写一般读者能懂的诗。"因此他的诗从生活中来，从真实的人生经历、真挚的人生感受、真诚的人生体验中来，不伪饰，不造作，感情高洁而真挚。

诗人长期浸染于我国优秀的传统古典诗歌与民间歌谣之中，又注意从生活中撷取生动、活泼、富有表现力的群众语言。在艺术形式上，诗人采用篇不限节、节不限句、句不限字的自由体。他淡化声调，不追求谨严的格律；他注重情调，他的诗，有的是真挚、深厚的感情。清新率真，情深意切，是这位诗人的诗作在艺术风格上的特色。

当今诗坛，不少诗人追逐"现代""后现代"，诗作朦胧晦涩，令人不堪卒读，被读者称为"看不懂的诗坛"。而《笔走黑白》向诗坛吹来了一股清新的诗风，必将产生积极的影响。

附
录

169

心灵感悟的结晶

夏锡生

近日，天长市文联副主席刘恒昌受姜培忠委托，送给我一本他的《笔走黑白》诗稿，要我为他的新著作序。我对恒昌说："写新诗我是外行，这个序最好请立欣同志去作。"培忠知我有为难推托之意，便又在电话中对我说："本该登门请你，但不好意思当面开口。你老人家这么大的年纪，不该再找你麻烦，可考虑到我的第一个小集子《亲情伞》是您老人家作的序（在卞国福作的序后），这本拙作没有你评点，实在不敢付印。"话说到这个份上，我何能推辞？再说培忠与我又有极深厚的忘年之交。

姜培忠是天长市一位优秀的科级领导干部，更是一位志、才、情兼备的作家。这几年来，他华章迭出，我经常从《安徽日报》《滁州日报》《国风》《未来》等报刊上见到他的诗文，特别是《寻找骆宾王》一文，引起了天长市内外有关专家的高度重视。这篇佳作成了书写、研究和提升天长历史文化的经典之作。

姜培忠虽年轻，但交游甚广，知识面宽。《笔走黑白》一书反映了诗人的阅历和交游，可助于知人；因个人成长与社会变革密切相关，其经历与感慨必然涉及时事与世风，故又可鉴世。我们不妨追随诗人的脚步，也做一番人生的跋涉、心灵的探索。

《笔走黑白》一书集中反映了诗人对家乡、对祖国的热爱。作品内容广泛，有宣传哲理、载录史实的，有概述人生、昭明心志的。从世事沧桑、历史遗痕，到改革开放、经济腾飞；从古今英雄，到普通百姓。有讴歌、有呐喊、有抒情、有赞美、有缅怀、有赠答、有唱酬……江山览胜，家乡放歌，咏物寄情，激浊扬清，其中佳句迭出，耐人寻味。如《曹操的眼泪》诗中写道：

170

没有流过泪的眼睛一定很坚强

像一座山只有葱郁的森林而没有溪水流淌

不分季节，不分白昼黑夜茫茫

其实这只是表象……

就像有一个字从小不会说

现在要一辈子地讲

爱一个人就要像爱一座山

爱他的森林爱他的溪水爱他每一寸土地

爱一个人就要像现在的我在清晨流着汗水

只为说懂一句话

但爱一个人绝不让刘邦的大风飞起

吹走芒砀山下的羔羊

但爱一个人绝不是像江南的天气变化无常

至云端如风雨流虹

我们走过的路不是很长

却总披星戴月很是辛苦

我们走过的路不是很多

却总风雨交加很是迷茫

　　多是意象代入，从中可以体会到深层的寓意。虽是古人古事古句，却有时代感，语言朴素，内容丰富，感情投入，富有哲理。至于其中的《香樟香》《故乡的湖》等诗，写得更是令人心动。

　　《笔走黑白》是艺术品位极高的典雅之作。诗人把审美、憧憬和情感融入字里行间，带我们走进了一座丰富多彩的艺术殿堂，相信会给读者一种独特的艺术享受。

附
录

2012 年 11 月 10 日

溯源历史远方，走向灵魂深处

——《下阿札记》后记

　　下阿溪是天长的一条古水道，早在春秋时期就出现在史册中；其也是世世代代天长人的母亲河，千百年来哺育了勤劳智慧的天长人。据《太平寰宇记》记载，唐玄宗李隆基在天宝元年（742）设千秋县，县衙所在地为下阿溪边的下阿村。我以"下阿"为题，既取其古雅的历史意蕴，更因为我的故乡马汊河就在古下阿村附近。

　　下阿溪流经的两岸，皖东天长一带，历史上曾经人文荟萃，几度辉煌：这里是吴楚卑梁之衅的发生地，这里有汉吴王刘濞冶铁铸币的冶山、铜城，这里是淝水之战序幕拉开的地方，这里还是唐朝徐敬业讨伐武则天的下阿溪之战的故地所在。

　　对文史的爱好，纯粹是因为读了天长人宣鼎的《夜雨秋灯录》。出于兴趣，我先是到天长各地各乡走访，寻找实物遗存，找当地人谈古，来核实书中的天长和周边的遗存；在搜罗相关的书籍和口头传说的过程中，我慢慢地成了文史爱好者。

　　作为文史爱好者，整理挖掘这些历史文化遗产，我感到从未有过的责任感和使命感。一本书，一块碑记，一篇文章，一首诗，每一个细微的枝末，每一个细小的发现，都曾让我兴奋不已。这些深藏在历史深处的点点滴滴，让我的认知不断受到洗礼，更让我的思想不断升华。我做着让历史走进现实的美梦，策划筹资在家乡建起了骆宾王祠堂，以纪念下阿溪之战中失踪的大诗人骆宾王。

　　在寻古访幽的历程中，我遇到了一批志同道合的朋友，他们中有我敬重的长者夏锡生先生、戴之明先生、潘实先生，也有年轻的路云飞老师、王志高先生。特别是已故的张磊先生，他给我提供过很多珍贵的历

172

史书籍，让我写出多篇完整的故事。我们常常就一个事件彼此分享材料或心得，就一个疑点彼此交换意见，进行探索讨论，或者一起驱车前往某地考察。一路走来，我们相互切磋，相互砥砺，这些都是我弥足珍贵的人生收获。

我挚爱这片热土，忘我地寻找着这片土地上先贤的足迹。古下阿溪一带的文化遗存，值得我毕生去追寻、研究。《下阿札记》主要分四个板块，分别是曾是千秋客、横山觅故踪、书香流翰墨、萃玉缥缃中，记述了发生在天长和天长周边地区的人和事，以及那些在或已不在的历史遗存。

这本书能够顺利刊印，离不开相关部门和诸多师友的大力帮助。特别感谢中共天长市委党史和地方志研究室（天长市档案馆）的鼎力支持；感谢路云飞老师的合作与校对；感谢我的同事们为此书出版所付出的辛勤劳动；十分感谢好友许春樵主席和郑训佐教授，许主席的序言和郑教授的封面题字让这本书增添了沉甸甸的文化内涵。

姜培忠

2023 年 11 月 18 日凌晨

溯源历史远方，走向灵魂深处——《下阿札记》后记